rowohlts monographien
begründet von Kurt Kusenberg
herausgegeben von
Beate Kusenberg und Klaus Schröter

Napoleon

mit Selbstzeugnissen
und Bilddokumenten
dargestellt von
André Maurois

Rowohlt

Herausgeber: Kurt Kusenberg · Redaktion: Beate Möhring
Schlußredaktion: K. A. Eberle
Aus dem Französischen übertragen von Ingeborg Esterer
Umschlagentwurf: Werner Rebhuhn
Vorderseite: Bonaparte auf der Brücke von Arcoli.
Gemälde von Jean-Antoine Baron Gros
Rückseite: Napoleon I. in seinem Arbeitszimmer in den Tuilerien.
Gemälde von Eugène Isabey
(Fotos: Historisches Bildarchiv Lolo Handke, Bad Berneck)

Veröffentlicht im Rowohlt Taschenbuch Verlag GmbH,
Reinbek bei Hamburg, Januar 1966
Copyright © 1966 by Rowohlt Taschenbuch Verlag GmbH,
Reinbek bei Hamburg
«Napoleon, a pictorial biography» © André Maurois and
Thames and Hudson, London, 1963
Alle Rechte an dieser Ausgabe vorbehalten
Gesetzt aus der Linotype-Aldus-Buchschrift
und der Palatino (D. Stempel AG)
Gesamtherstellung Clausen & Bosse, Leck
Printed in Germany
880-ISBN 3 499 50112 0

64.–66. Tausend September 1985

Inhalt

Das Kind von Korsika   7
Der General Bonaparte   22
Der Held auf Abruf   36
Der erste Konsul   47
Kaiser Napoleon I.   67
Der sterbliche Sieger   80
Der geschlagene Feldherr   90
Der verbannte Prometheus   102

Zeittafel   116
Zeugnisse   122
Bibliographie   127
Namenregister   148
Quellennachweis der Abbildungen   153

DAS KIND VON KORSIKA

Die Schicksale großer Menschen sind unvoraussagbar. Wer hätte 1769 gedacht, daß ein Kind, das in jenem Jahr auf Korsika geboren wurde, in Frankreich ein Kaiserreich errichten und Europas Throne an seine Brüder verteilen würde? Wer hätte 1794 vorausgesehen, daß ein junger Leutnant, der nicht einmal Franzose war, im Jahre 1800 Herrscher von Frankreich würde? Wer hätte 1810 zu behaupten gewagt, daß dieser leuchtende Stern fünf Jahre später wieder erlischt? Wer hätte sich 1815 vorstellen können, daß sechs Jahre Verbannung den Akkord anschlagen würden für den erstaunlichsten Nachhall des Jahrhunderts? Und wer dachte damals, daß den Franzosen die Erinnerung an diesen Mann, der sie zwanzig Jahre lang zur Schlacht, zum Sieg und dann zur Niederlage führte, teuer bleiben und sein Leben zu einer der glänzendsten Legenden der Geschichte würde?

Als Napoleon am 15. August 1769 geboren wurde, war Korsika erst ein Jahr französisch. 1768 hatten die Genueser diese schöne Insel voller Berge und Wälder an Frankreich verkauft. Die dauernden Aufstände der Korsen, die ein stolzes Volk sind, hatten die italienischen Okkupanten schließlich zermürbt. Der Erwerb der Insel wurde von vielen Ratgebern Ludwigs XV. mißbilligt. Hätte der König auf sie gehört, was wäre aus Napoleon Bonaparte geworden? Entweder hätte die Insel unter der Regierung Paolis, dem Führer der korsischen Widerstandsbewegung, ihre Unabhängigkeit erklärt und ihre Bewohner hätten sich mit einer Politik der Clans abgefunden oder die Insel wäre von den Engländern erobert worden, die viel zu konservativ sind, als daß sie eine Blitzkarriere gestattet hätten. Es wäre ein mittelmäßiges und vielleicht glückliches Leben gewesen inmitten einiger Morgen Maulbeerbäume, Weinberge und Olivenhaine.

Charles-Marie Bonaparte (oder Buonaparte) war einer der Notabeln der Insel, von Herkunft Italiener und von niederem Adel. Die Familie kam aus der Toscana. Auf Korsika hatte sie schlecht und recht von mittelmäßigen Ländereien und den unsicheren Einkünften eines Notars oder Gerichtsschreibers gelebt. Zwei Onkel, beide Priester und «verdienstvolle Leute» – einer von ihnen wurde Erzdiakon von Ajaccio –, unterstützten den Clan. Mit achtzehn Jahren hatte Charles Bonaparte, ein schöner und kühner Jüngling, Lætitia Ramolino geheiratet, die vierzehnjährige Tochter eines höheren Beam-

Napoleon I.
Gemälde von Jean-Dominique-Auguste Ingres, 1806

ten, der in genuesischen Dien-
sten stand. Ihr ganzes Leben
hindurch zeigte Letizia Bonaparte ein Gefühl für Anstand
und Ehre, eine natürliche Würde,
die den Korsen angeboren ist.
Und wenn sie auch später im
Reichtum übertrieben sparsam
blieb, dann deshalb, weil sie
das Elend kennengelernt hatte.
Stendhal rühmt ihr gelassenes,
unbestechliches und warmherzi-
ges Wesen und vergleicht sie mit
den Frauen eines Plutarch oder
den Heldinnen der italienischen
Renaissance.

Kaum hatten die Franzosen
sich Korsikas bemächtigt, als Pasquale Paoli, ein glühender Verfech-
ter der Unabhängigkeit, gegen die Fremden zu Felde zog. Charles
Bonaparte, den seine schöne, junge Frau ständig begleitete, blieb dem
Helden des Widerstandes treu. Erst nachdem Paoli besiegt war und
das Land verlassen hatte, erklärte er sich bereit, einen Geleitbrief
des französischen Kommandanten anzunehmen und nach Ajaccio in
sein Haus zurückzukehren, wo seine Frau im August niederkam. Die
Legende berichtet, daß Letizia ihr Schlafgemach nicht mehr errei-
chen konnte und in der Antichambre auf einem Teppich mit antiken
Figuren ihren zweiten Sohn Napoleon gebar. Von ihren dreizehn
Kindern blieben acht am Leben: Joseph, der älteste, Napoleon,
Lucien, Jérôme, Louis, Caroline, Élisa und Pauline.

Um eine so große Familie zu ernähren, mußte man arbeiten und
also sich mit den Franzosen versöhnen, die bereit waren, zu verzeihen und zu vergessen. Charles Bonaparte schloß sich der französischen Partei an. Aber seine Kinder erzog er in der Erinnerung an den
großen Paoli und an ein freies Korsika. Paoli wurde Napoleons erstes Vorbild. Mit noch nicht dreißig Jahren hatte Paoli die korsischen Truppen befehligt. Er zitierte fortwährend Plutarch, dessen
Werk für den jungen Napoleon zum Katechismus wurde. Letizia
Bonaparte, die durch ihren Geist ebenso auffiel wie durch ihre Schönheit, hatte die Aufmerksamkeit des französischen Generals, des Grafen Marbeuf, erregt, «der ihr auf italienische Weise den Hof machte»

(Stendhal). Dank Marbeufs Freundschaft wurde Charles Bonapartes korsischer Adel anerkannt, und 1779 entsandte man ihn als Deputierten Korsikas an den französischen Hof. Ein Neffe General Marbeufs, der Erzbischof von Lyon, der mit der Verteilung königlicher Spenden betraut war, gewährte der Familie Bonaparte drei Stipendien: eines erhielt Joseph für das Priesterseminar von Autun, eines Napoleon für die Militärschule von Brienne und ein drittes eine der Töchter für das königliche Pensionat von Saint-Cyr. Mit neun Jahren wurde Napoleon von seinem Vater nach Frankreich gebracht – ein scheinbar unbedeutendes Ereignis. Wer war er schon? Ein kleiner korsischer Junge, intelligent und streitbar, berauscht von dem wilden Duft seiner Insel, ungebildet und keine anderen Sprachen sprechend als den örtlichen Dialekt.

«Napoleons Charakter ist in der Schule von Brienne gefestigt worden durch jene große Prüfung, die ein stolzer, glühender und zugleich schüchterner Geist erfährt: die Berührung mit dem feindlichen Fremden.» (Bainville) Weil er seinen Namen mit korsischem Akzent aussprach, was so ähnlich klang wie «Napolioné», nannten ihn seine Kameraden: «la-paille-au-nez» (Strohnase). Er macht in jener Zeit einen düsteren, sensiblen Eindruck und verachtet jedes Spiel. Er ist «Schüler des Königs»; seine Mitschüler sind junge Leute aus guten Familien; aber er sieht in den Franzosen noch immer die Besatzungsmacht, die Unterdrücker seiner Heimat Korsika. Dennoch

9

Das Haus der Bonapartes in Ajaccio.
Gemälde von Alexis Daligé de Fontenay

zeichnete sich allmählich sein Charakter ab. Bei Kriegsspielen bewies er Talent im Bau von Festungen. Durch den Umgang mit den Franzosen machte er sich ihre Vorurteile zu eigen. Er wurde ein Mann des 18. Jahrhunderts und empfing eine religiöse Erziehung, die Voltaire und den weltlichen Dingen näherstand als der Kirche. Ein glänzender Schüler? Nein, ein mittelmäßiger. Er war gut in Mathematik, aber er weigerte sich, Latein zu lernen, und schrieb Französisch weiterhin in einer abenteuerlichen Orthographie. Er hatte Gefallen an Geschichte, an Geographie, und er las wie besessen. Einer seiner Lehrer soll über seinen Stil gesagt haben: «Granit, den ein Vulkan erhitzt.»

Fünf Jahre vergingen, bis Napoleon seine Familie wiedersah. Charles Bonaparte war noch immer in Geldnöten. Joseph lehnte sich dagegen auf, Priester zu werden. Lucien war jetzt im Alter, um nach Brienne zu gehen, aber zwei Brüder konnten nicht gleichzeitig ein Stipendium bekommen. Noch war Napoleon nicht für die Militärschule in Paris ausersehen. Die Inspektoren der Écoles Militaires schwankten, ob sie ihn für die Marine oder für die Armee ausbilden sollten. Schließlich gaben seine guten Noten in Mathematik den Ausschlag: er wurde als «Kanonier» auf der Militärschule angenommen. Es war das Jahr 1784.

Jetzt also finden wir den jungen korsischen Kadetten in jenen schönen, von Gabriel entworfenen Gebäuden, die wir noch heute bewundern. Er war überwältigt von ihrer Größe, von dem Lebensstil dieser Schule, an der die Söhne der edelsten Familien studierten, von dem Reichtum ganz allgemein, der in Paris und in Frankreich herrschte. Hier fand er Freunde, denen er verbunden blieb und denen er später in ihrer Laufbahn half. Sonst geschah während dieser Schulzeit wenig Bemerkenswertes. Der Deutsch-Lehrer hielt ihn für einen Dummkopf. Der Mathematik Lehrer hingegen schätzte ihn sehr. 1785 bestand er ein Examen, wonach er in die Artillerie eintreten konnte. Von sechsunddreißig Freiplätzen erhielt er den zwölften und wurde zum Sekondeleutnant im Regiment La Fère ernannt. Stendhal berichtet, daß neben seinem Namen stand: «Korse von Geburt und Charakter, wird die-

Der Vater:
Charles-Marie Bonaparte

Die Mutter:
Letizia Bonaparte

ser junge Mann es weitbringen, wenn die Umstände ihm günstig sind.»

Im gleichen Jahr (1785) starb Charles Bonaparte mit neununddreißig Jahren an Magenkrebs. Madame Letizia blieb mit ihren Kindern allein. Die Bürde der Familie wog um so schwerer, als ihre Mittel gering waren. Glücklicherweise hatte Napoleon nur noch ein Examen zu bestehen, bis er einen Wehrsold bezog. Mit genau sechzehn Jahren und fünfzehn Tagen wurde er Offizier – eine beachtliche Leistung. Zwar hatte er bei der Prüfung durch den berühmten Laplace keine besonderen Leistungen gezeigt, aber dennoch konnte er mit sich zufrieden sein. Der kleine Korse, der nur im Dialekt seiner Heimat sprach, hatte bis zum Leutnant der königlichen Armee einen weiten Weg zurückgelegt. Er wünschte sich eine Garnison im Süden, um Korsika näher zu sein: Er wurde nach Valence versetzt. Es gab eine sehr kluge Bestimmung, daß ein künftiger Offizier drei Monate Dienst als Kanonier in der Truppe leisten mußte. Hier lernte Napoleon den einfachen Soldaten kennen und mit ihm sprechen. Im Januar 1786 hatte er endlich seine Uniform und seine Epauletten.

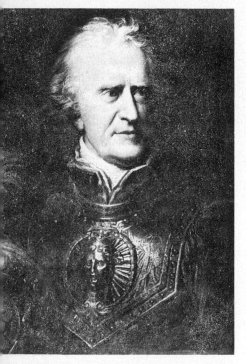

Was ist er jetzt? Und was will er? Vor allem seinen Lebensunterhalt verdienen, seiner Familie helfen und, wenn möglich, nach Korsika zurückkehren, um dort politisch und militärisch Karriere zu machen. Er ist besessen vom Mythos eines Paoli. Er träumt davon, eine Geschichte Korsikas zu schreiben. Denn im Grunde seines Herzens ist dieser Artillerist ein Literat. Er durchstöbert die Bibliothek von Valence. Militärische Bücher interessieren ihn kaum; politische Bücher verschlingt er: Rousseau, Abbé Raynal. Er sucht darin Gründe, um Korsika zu befreien. Er schriftstellert selbst

General Pasquale Paoli.
Gemälde von Riccardo Cosway

und träumt von literarischem Ruhm. Endlich bekommt er Urlaub. Er reist auf seine Insel und nimmt einen Koffer voller Bücher mit: Tacitus, Montaigne, Montesquieu, Corneille, den er auswendig kann und deklamiert. Im Regiment hat er ein wenig Kriegskunst gelernt. «Außer Mathematik, Artillerie und Plutarch» beherrscht er im Grunde nichts. Aber er besitzt die Gabe, «mit einer unglaublichen Schnelligkeit

Lucien Bonaparte.
Bildnis von
Jacques Réattu

neue Ideen zu finden» (Stendhal) und alle Fragen so unmittelbar anzugehen, als hätte sie noch keiner vor ihm studiert.

In Ajaccio sieht er seine vielbewunderte Mutter wieder. Sie ist sehr unglücklich und hätte eine Pension bitter nötig. Napoleon, der das Prestige hat, Uniform zu tragen, wird mit der Aufgabe betraut, in Frankreich ein Bittgesuch für seine Familie zu stellen. Er begibt sich nach Paris, wird zu Audienzen empfangen, aber der Erfolg ist gering – mit einer Ausnahme: In den Gängen des Palais-Royal begegnet er einer jungen Frau, die von ihren Reizen lebt. Da sie ebenso schüchtern erscheint wie er, wagt er sie anzusprechen; er hält ihr eine Moralpredigt à la Rousseau, willigt dann aber ein, zu ihr nach Hause zu gehen. Es ist sein erstes Erlebnis – nicht in der Liebe, aber mit einer Frau. Er bringt es zu Papier, realistisch und nicht ohne Talent. Er geht nach Korsika zurück, kann sich von der Insel nicht trennen und bleibt zwanzig Monate dort, indem er seinen Urlaub ständig verlängert. Hier allein kann er leben. Erst im Juni 1788 kehrt er schweren Herzens zu seinem Korps zurück. Sein Regiment schickt ihn nicht wieder nach Valence. Er bezieht Garnison in Auxonne, einer kleinen Stadt in der Bourgogne. Er bewohnt ein Zimmer, das nur mit dem Notdürftigsten eingerichtet ist. Sein jüngerer Bruder Lucien, den er unter seine Fittiche genommen hat, schläft auf einer Matratze neben ihm. Es ist eine fruchtbare Zeit, denn sein Kommandeur ist ein General du Teil, der eigene Ideen über die Kriegskunst hat und ihm den «Essai général de tactique» des Grafen Guibert zu lesen gibt. Guibert ist zweifach berühmt: als Liebhaber der Mademoiselle de Lespinasse und als Urheber moderner Kriegführung. An einem Schlüsselpunkt Überlegenheit gewinnen, an diesem Punkt mit allen verfügbaren Kräften angreifen, einen Überraschungseffekt durch die Schnelligkeit der Bewegung erzielen: diese Strategie, die man später die napoleonische nennt, ist bereits vollständig bei Guibert beschrieben. Leutnant Bonaparte zieht seinen Vorteil daraus.

Seine Arbeitskraft ist unbegrenzt. Er lernt überall und alles; er könnte es ja eines Tages gebrauchen. Er analysiert Platons «Staat» und die Geschichte Friedrichs des Großen. Einmal, als er unter Arrest gestellt ist, findet er in seinem Zimmer nur ein Buch: die «Institutes» von Justinian. Sie prägen sich seinem ausgezeichneten Gedächtnis ein. Und eines Tages wird er – zum Erstaunen aller – vor dem Staatsrat römische Gesetze zitieren. Aber damals schreibt man das Jahr 1789, das Geburtsjahr der Französischen Revolution. Überall schwelen Unruhen, auch in Burgund. Wo Leutnant Bonaparte befehligt, wird hart durchgegriffen. Im Kloster von Cîteaux läßt er vier oder fünf aufständische Mönche arretieren, sperrt sie in die unterirdischen Verliese der Abtei und wirft so den Aufstand nieder. Wann immer er es für angebracht hält, droht er zu schießen. Er würde nicht zögern, diese Drohung wahrzumachen; wie Goethe haßt er die Unordnung mehr als die Ungerechtigkeit. Auch ist das nicht s e i n e Revolution. Den Zufalls-Franzosen, den Berufssoldaten des Königs bewegt vor allem eine Frage: Wie können diese großen Bewegungen auch zur Befreiung Korsikas führen?

Er betrachtet die Revolution als unbeteiligter Zuschauer, ergreift die Vorteile, die sich ihm bieten, und erbittet Urlaub, um «nach Hause» zu gehen. Dort ist er vom September 1789 bis Januar 1791, von Oktober 1791 bis April 1792, von Oktober 1792 bis Juni 1793 und wird in örtliche Händel verwickelt. Da er bei einem Aufruhr in Ajaccio eine gefährliche Rolle gespielt hat, riskiert er, daß man ihn für einen Emigranten hält und aus der Stammrolle streicht. Schließlich bekleidet er nur in Frankreich eine Stellung – sozial wie finanziell. Beunruhigt eilt er nach Paris, und dank der korsischen Abgeordneten der Nationalversammlung, die seine Freunde sind (Salicetti, Chiappe, Casabianca), erreicht er seine Wiedereinstellung und sogar den Rang eines Hauptmanns. Am 10. August, als sich Ludwig XVI. mit roter Mütze am Fenster zeigt, schreit Napoleon: *Che coglione!* (*Welch ein Narr!*). Am liebsten hätte er auf diesen gemeinen Schurken schießen lassen. Mit dreiundzwanzig Jahren hat er allen Glauben an die idealistischen Parolen der Revolution verloren, und ihre Philosophen nennt er verächtlich «Ideologen». Er ist nicht mehr an Doktrinen interessiert, sondern nur noch an Taten. Für Korsika bleibt ihm eine Hoffnung: Da er Frankreich in Anarchie versinken sieht, fragt er sich, ob die Insel mit dem Sturz des französischen Königs nicht ihre Freiheit wiedergewinnen könnte. Im gleichen Augenblick schließt das Mädchenpensionat von Saint-Cyr als königliche Stiftung seine Tore. Er muß seine Schwester Élisa zur Familie zurückbringen, ein willkommener Vorwand, um seine Insel wiederzusehen.

Bruder und Schwester reisen über Toulon, wo ihr jüngerer Bruder Lucien lebt. Im Hafen schimpft eine feindliche Menge sie «Aristokraten», weil die junge Élisa an ihrem Hut ein schwarzes Band trägt. Napoleon reißt das Band ab und wirft es ins Wasser.

Man muß wissen, daß sich Frankreich mit dem übrigen Europa im Krieg befindet, aber das hindert den französischen Offizier, Hauptmann Bonaparte, nicht daran, sich nach Ajaccio einzuschiffen. Dieser Krieg ist nicht s e i n Krieg.

Januar 1793. Die siegreichen französischen Armeen haben die Invasion abgewehrt, sie haben Belgien, Savoyen und Nizza besiegt.

Bonaparte 1785, sechzehn Jahre alt

Die französische Regierung möchte Sardinien annektieren, eine arme Insel, die dem Hause Savoyen gehört. Diesen Plan sollen französische Truppen ausführen, verstärkt durch korsische Freiwillige. Eine einmalige Gelegenheit, korsischer und französischer Offizier zugleich zu sein. Mit viel Geschick gelingt es Napoleon, vorübergehend zum Oberstleutnant der korsischen Freiwilligen ernannt zu werden. Als Kommandeur der Artillerie, die aus zwei Kanonen und einem Mörser besteht, nimmt er teil an der Expedition. Es ist sein erster Feldzug, und er verläuft nicht glücklich. Zwischen den französischen und korsischen Truppen herrscht kein Vertrauen. Die Korsen kommandiert Cesari, ein Vetter Paolis, dem Paoli heimlich riet, das ganze Unternehmen scheitern zu lassen. Der verräterische Auftrag wird ausgeführt. Bonaparte, der sich diesen kleinen Krieg sehr zu Herzen nahm, ist erfolgreich auf der Insel San Stefano gelandet und hat sein Feuer sehr geschickt dirigiert. Aber die

*Désirée Clary,
die spätere Madame Bernadotte.
Gemälde von François Gérard*

Matrosen rebellieren; Cesari kapituliert auf Grund von Paolis geheimen Anweisungen, und Bonaparte muß, innerlich kochend vor Zorn, wieder an Bord gehen und seine drei Kanonen zurücklassen. Noch merkwürdiger ist die zweideutige Haltung des jungen Mannes nach seiner Rückkehr: Er unterzeichnet einen Protest der Offiziersfreiwilligen gegen diesen schmählichen Rückzug, aber an Cesari selber schickt er einen freundlichen Brief (Godlewski). Was dachte er wirklich?

17

*20. Juni 1792: Ludwig XVI. setzt
sich eine rote Mütze auf und trinkt auf
das Wohl der Nation*

Auf Korsika erklären die Paolis eine
Vendetta gegen die Bonapartes. Der alte
Korsenführer, der immer mehr zum
Franzosenfeind wird, mißtraut dieser ab-
trünnigen Familie. Nicht ganz zu unrecht, denn der achtzehnjährige Lucien
hat ihn im Jakobinerklub von Toulon
beschuldigt, ein englischer Agent zu sein.
Paris ist auf der Hut und gibt Befehl,
Paoli zu verhaften. Daraufhin beginnen
die Paolisten eine wütende Kampagne
gegen die Bonapartes. Sie werfen ihnen
vor, königliche Stipendien angenommen
zu haben, mit Marbeuf befreundet zu
sein, sie verdammen das Betragen von
Lucien. Napoleon schickt eine Nachricht
an seine Mutter: *Bereiten Sie sich auf
die Abreise vor; dies Land ist nicht mehr
unser Land.* Madame Letizia verläßt gerade noch rechtzeitig ihr Haus in Ajaccio,
bevor es verwüstet wird. Mit ihren jüngeren Kindern irrt sie an der
Küste umher, wo Joseph und Napoleon, die mit knapper Not den
paolistischen Bauern entkommen sind, sie an Bord eines französischen Schiffes nehmen. Die Familie flüchtet zunächst nach Calvi,
dann im Juni 1793 nach Toulon und schließlich nach Marseille.

Hier leben die Bonapartes in dürftigen, wenn nicht sogar elenden
Verhältnissen. Sie haben nicht mehr als ein Hauptmannsgehalt und
die magere Repatriierungshilfe, die die französische Regierung den
korsischen Flüchtlingen gewährt. Aber Madame Letizia verliert nicht
ihren Mut, und – sie hat schmucke Söhne. Sie befreundet sich mit
dem Marseiller Tuchhändler Clary. Joseph heiratet eine seiner
Töchter, Marie-Julie. Sie wird eines Tages Königin von Spanien
sein. Napoleon hätte gern die zweite Tochter Désirée geheiratet. Aber
Clary meinte, so wird erzählt, ein Bonaparte in der Familie wäre
genug. Désirée Clary sollte später Bernadotte heiraten und Königin
von Schweden werden. Clary tat unrecht, den zweiten Sohn Bonaparte abzuweisen. Aber wie hätte er den ungewöhnlichen Lauf der
Geschichte voraussehen können? Mit vierundzwanzig Jahren, da an-

dere schon blendende Karrieren gemacht hatten, war Napoleon noch immer ein Hauptmann ohne Anstellung und scheinbar auch ohne Zukunft.

Er hatte seine besten Jahre vertan, indem er vergeblich seinem korsischen Traum nachhing. Seine Abenteuer in Ajaccio und Sardinien aber haben ihn von seinen korsischen Hoffnungen und seinen revolutionären Träumen geheilt. Er hat alle Ideologie, alle Metaphysik und allen Provinzialismus über Bord geworfen. Er glaubt nicht mehr an das Gute im Menschen, dessen wirkliche Triebkräfte Furcht, Selbstsucht oder Ehrgeiz sind. Für den Augenblick dient er der Revolution, weil er nichts anderes sieht, dem er dienen kann. Er bekleidet anfangs nur subalterne Posten. In Nizza ist er bei der Küstenbatterie und läßt die Öfen heizen, um mit *roten Kanonenkugeln* auf die englischen Schiffe zu schießen; in Avignon organisiert er Geleitzüge für die Armee in Italien, *das Handwerk eines Troßknechtes*. Seine soldatische Karriere stagniert; er greift wieder zur Feder und schreibt das *Souper de Beaucaire*.

Es ist die beste seiner Schriften, die gewandteste und bedeutungs-

Bonaparte leitet die Belagerung von Toulon

Schreiben Bonapartes an General Carteaux
während der Belagerung von Toulon, 1793

vollste. Der Süden Frankreichs hatte sich gegen den Konvent erhoben. Die Stadt Marseille stand auf seiten der Gironde. Der Hauptmann Bonaparte schrieb einen geistreichen und amüsanten Dialog, in dem er einem Marseiller Föderalisten bewies, daß der Konvent gewinnen müßte, weil er die beste, die einzige Armee hätte. Wenn die Bewohner von Marseille Widerstand leisteten, würde ihre Stadt zerstört. All das war so gut, so schlüssig dargestellt, daß auch die Mitglieder des Konvents, für die es eine ausgezeichnete Propaganda war, Gefallen an der Lektüre fanden. Eines dieser Mitglieder, Salicetti, war Korse und ein Freund Bonapartes, an dessen Seite er gegen Paoli gekämpft hatte. Er schlug vor, seinen Landsmann zum Bataillonskommandeur zu ernennen, «als den einzigen Hauptmann der Artillerie, der imstande ist, operativ zu denken», und ihn bei der Belagerung von Toulon einzusetzen.

Die Stadt hatte revoltiert und die Engländer zu Hilfe gerufen. Das war für die Revolution äußerst gefährlich, da auch Lyon die weiße Flagge der Royalisten gehißt hatte; in der Provence tobte weiterhin der Bürgerkrieg. Die Engländer, Spanier und Sardinier konnten eine Armee in Toulon sammeln, das Rhônetal hinaufmarschieren und sich mit den Truppen von Piemont und den Rebellen von Lyon vereinigen. Daher hatte der Konvent den General Carteaux entsandt, Toulon zu belagern und zurückzugewinnen. Dieser General war ein braver, aber nicht sonderlich intelligenter Mann. Vergeblich versuchte der junge Artillerist ihm klarzumachen, daß die Schlüsselposition zur Einnahme von Toulon das Vorgebirge von Éguillette wäre und man darum seine Kräfte auf diesen Punkt und nicht auf die Stadt konzentrieren müsse.

Es war der junge Hauptmann, der recht behielt, nicht der General. Und hierbei offenbarte sich auch ganz eindeutig einer der genialen Züge Bonapartes: alles zu durchdenken und sich auf alles vorzubereiten. Er war als gewöhnlicher Reisender nach Toulon gekommen, aber er hatte sogleich den Hafen inspiziert und nach geeigneten Batteriestellungen gesucht. Er hatte dann erkannt, daß man von dem Vorgebirge von Éguillette aus die Schiffe, die auf Reede lagen, mit glühenden Kanonenkugeln beschießen konnte, um sie zur Räumung des Hafens zu zwingen. Wenn auch Carteaux das nicht begriff, so ließ sich doch sein Nachfolger Dugommier durch Bonapartes klare und hartnäckige Argumente überzeugen. Alles verlief, wie er vorausgesagt hatte. Bonaparte, der eigenhändig die Kanone bediente, wurde verwundet. Er erhielt seine Beförderung zum Brigadegeneral, wofür sich nicht nur Salicetti, sondern zwei andere Kommissare eingesetzt hatten: der jüngere Robespierre und Barras.

Man darf nicht glauben, daß dieser erste Erfolg der Beginn einer großen militärischen Karriere sein mußte. Während der Schreckensherrschaft wurden viele zu Generalen befördert und ebenso schnell wieder degradiert. Bonaparte hatte sich die Achtung Robespierres erworben, aber wie lange würden sich Robespierre und seine Anhänger halten? Im März 1794 wurde er zum Artilleriekommandeur der Armee in Italien ernannt. Eine wichtige Aufgabe, die ihn in der Führung großer Einheiten schulte und mit der Geographie des Landes vertraut machen sollte, in dem er später seine besten Feldzüge unternehmen wird. Der kommandierende General, die Vertreter des Konvents, alle respektierten den kleinen General. Obgleich er so jung und schmächtig aussah, gingen Strenge und nüchterne Überlegung von ihm aus, die unbedingte Achtung geboten. Bald wurde er mit Operationsplänen betraut, und das war Napoleons große Chance. Drei Jahre lang hatte man «aufs Geratewohl» geschossen; nun war nach wenigen Monaten die Ordnung wiederhergestellt.

Bonaparte arbeitete gerade an dem Plan, der ihm später einmal

5. Oktober (13. Vendémiaire) 1795

Paul Vicomte de Barras

die Straße nach Piemont öffnen sollte, als der 9. Thermidor der Schreckensherrschaft in Paris ein Ende setzte. Robespierre und seine Anhänger wurden gestürzt und der junge General auf Befehl seines Freundes Salicetti verhaftet. In Zeiten der Revolution sind Freundschaften zerbrechlich und ungewiß. Bonaparte wurde zwar freigelassen, aber er blieb verdächtig. 1795 schon rief ihn Paris von der italienischen Front zurück, um ihn zur Armee in der Vendée zu versetzen. Er lehnte ab. Das war sehr kühn für einen Mann, dem keine andere Karriere offenstand. Warum lehnte er ab? Einmal, weil er nicht Infanterist werden wollte: *Das ist nicht meine Waffe,* sagte er; zum anderen, weil er wütend war, den Schauplatz großer Operationen (Italien) gegen einen örtlichen Guerillakrieg einzutauschen; vor allem aber, weil er nicht gegen Franzosen kämpfen wollte. Andere Generale wie Kléber oder Hoche haben das zwar getan, doch sie waren Franzosen und keine Korsen. Der eigentliche und entscheidende Grund ist der, daß Bonaparte seine Unabhängigkeit bewahren will. Er fühlt

Bonaparte als Oberstleutnant des 1. Bataillons der Loire-Armee. Bildnis von Philippoteaux

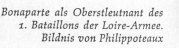

Joséphines Haus in der Rue de la Victoire (früher Rue Chantereine)

sich stark genug, um über die Stränge zu schlagen. Gleichzeitig muß er aber von irgend etwas leben. Sein Bruder Joseph schickt ihm etwas Geld; sein Adjutant Junot teilt mit ihm seine mageren Mittel. Junot träumt davon, die schöne Pauline Bonaparte zu heiraten. Aber Bonaparte entmutigt ihn: *Du hast nichts, sie hat nichts. Gesamtsumme? Nichts!*

Dieser September des Jahres 1795 war sehr düster für ihn. Seine Weigerung hatte die Minister verstimmt. In seiner zerschlissenen Uniform geht er antichambrieren, und man holt sich zuweilen bei ihm technischen Rat für die italienische Front. Er verkehrt in jener korrupten Gruppe, die sich um Barras geschart hat. Noch einmal muß er eine bittere Enttäuschung erleben. Er hatte zwar in Toulon und Nizza einige Flügelschläge getan, um sich emporzuschwingen, jetzt aber war er doch wieder zu Boden gefallen. Er erfährt, daß der Sultan Frankreich um Artillerieoffiziere gebeten hat. Es lockt ihn, sich zu melden. Der Großtürke bezahlt gut, und der Orient ist das Land aus Tausendundeiner Nacht. Ein Zufall hält ihn zurück: die topographische Abteilung der Armee verlangt seine Dienste, und er verpaßt die orientalische Gelegenheit. Gleichzeitig öffnet ein obskurer Vertreter des Wohlfahrtsausschusses wieder die Akte dieses Robespierre-Generals und streicht seinen Namen aus der Liste der Armee. Das scheint das Ende Bonapartes zu sein; in Wirklichkeit aber hat es das Schicksal niemals besser mit ihm gemeint. Wäre er in den Dienst des Sultans getreten, hätte er sehr wahrscheinlich sein Leben darin verbracht. Er wäre ein Pascha und niemals ein Kaiser geworden.

Einundzwanzig Tage später brauchte der Konvent einen energischen General: Der Thermidor hatte die Terroristen beseitigt und Barras, Tallien und ihren Freunden zur Macht verholfen. Sie mußten das Regime ändern und stellten eine neue Verfassung auf: ein Direktorium mit fünf Mitgliedern als Exekutive und zwei Versammlungen. Aber sie wollten um jeden Preis vermeiden, daß die royalistische Rechte, die in Paris sehr aktiv war, an die Macht kam. Die neuen Männer der Regierung waren Königsmörder. Sie hatten

Napoleon und Joséphine Bonaparte

der roten Schreckensherrschaft ein Ende bereitet; und sie hatten nicht
die Absicht, eine weiße Schreckensherrschaft zu errichten, die von
ihnen Rechenschaft fordern würde. Da keineswegs bewiesen war,
daß die bevorstehenden Wahlen nicht doch zugunsten der Royalisten ausgehen würden, hatten sie eine Sicherheitsklausel eingebaut.
Zwei Drittel der neuen Versammlung mußten von dem alten Konvent gewählt werden. Dadurch hofften sie, eine Atempause zu gewinnen, doch löste diese willkürliche Maßnahme heftige Proteste
aus. Wenn die Sektionen der Rechten, die für den Thermidor ver-
antwortlich waren, den Konvent angriffen, wer würde ihn dann
verteidigen? Da er Robespierre verdammte, hat er die Unterstützung
der «Roten Mützen» verloren. Er hat nur eine Zuflucht: die Armee.
Die Generale Pichegru und Menou werden abwechselnd zu seinem
Schutz gerufen. Paris erhebt sich gegen die Zweidrittel-Klausel als
«eine Beleidigung der Nation». Am Abend des 12. Vendémiaire (4.
Oktober 1795) unterhandelt Menou mit den Rebellen. Haben sie
gewonnen?

Wenn sie gewonnen haben, ist der Konvent verloren. Die neuen
Männer wissen das und beschließen, sich zu verteidigen. Sie setzen
Menou ab und ernennen Barras, der seit Thermidor als hervorra-

Einzug der Franzosen in Mailand am 15. Mai 1796

gender Soldat gefeiert wird und einen großen Säbel trägt, zum kommandierenden General der Heimatarmee. Aber Barras war weniger ein Soldat als ein durchtriebener Wüstling. Um dieses Kommando auszuführen, brauchte er einen Fachmann an seiner Seite. Er sah des öfteren einen kleinen General, dessen Schneid ihn bei der Belagerung von Toulon frappiert hatte und der in Ungnade gefallen war. Barras bat die Versammlung, ihm Bonaparte als Stellvertreter zu geben. Der Konvent war so verängstigt, daß er ihm wen auch immer gegeben hätte. «Bonaparte?» fragen die Soldaten. «Wer ist das?» Die Leute reden über seine ungepflegte Kleidung, über seine langen, strähnigen Haare, aber vor allem über seine ungeheure Energie. «Er schien überall zugleich zu sein», sagt Thiébault in seinen Memoiren. «Jeder war gebannt von der Autorität, mit der er seine Anordnungen traf, und aus der Bewunderung wurde Vertrauen.»

Der Konvent verfügte nur über 8000 Mann, die Rebellen hatten 30 000, aber sie waren durch die Seine in zwei Teile gespalten, während Napoleon eine zentrale und darum leicht zu verteidigende Stellung einnahm. Die Aufständischen schickten ein Bataillon aus, um sich der Kanonen im Feldlager von Sablons nahe Neuilly zu bemächtigen. Aber Bonaparte kam ihnen zuvor, indem er einem jungen Schwadronschef namens Murat den Befehl gab, sie mit dreihundert Kavalleristen anzugreifen. Sobald seine Artillerie eingetroffen war, eröffnete er gegen die Rebellen auf den Stufen der Kirche von Saint-Roch ein vernichtendes Feuer. Drei- bis vierhundert wurden getötet. Auf die anderen wirkte dieses brutale Blutvergießen ernüchternd. Auch an der Place du Carrousel und am Pont-Royal war Bonaparte der Sieger: Er hatte den Konvent befreit und gerettet. Aus politischer Überzeugung? Gewiß nicht! Hätten ihn die Aufständischen an die Spitze gestellt, hätte er die *Vertreter in die Luft jagen lassen*. Er hat einfach die Gelegenheit ergriffen, um sich auszuzeichnen. Von jetzt an ist er als «General Vendémiaire» bekannt und berühmt wegen seiner schnellen Entschlüsse. Barras setzt ihn wieder in seinen alten Dienstgrad ein und übergibt ihm den Oberbefehl über die Heimatarmee. Jetzt hat er sich endgültig in den Sattel geschwungen.

Von nun an fühlt er sich als wirklicher Oberkommandierender einer Armee. Diese Straßenkämpfe, dieser Posten eines Polizeipräfekten sind nicht sein Metier. Aus dienstlichen Gründen kommt er häufig mit Carnot zusammen, der Mitglied des Direktoriums und Beauftragter für militärische Angelegenheiten ist. Er spricht mit ihm über Italien, von wo keine guten Nachrichten kommen. Soeben hat das Direktorium den verhängnisvollen Schritt getan, Belgien zu annektieren und sich dadurch England zum Feinde zu machen. Es hätte ein paar Siege dringend nötig. *Wenn ich dort wäre*, sagt Bonaparte, *würden die Österreicher bald erledigt sein.* «Sie werden gehen», antwortet Carnot, der den jungen General außerordentlich schätzt. Mit sechsundzwanzig Jahren Oberbefehlshaber der Armee in Italien zu sein, war ein phantastischer Traum.

Ein Traum, der Wirklichkeit werden sollte. Auch Barras unterstützt den «kleinen General». Was sie verbindet, ist nicht nur Toulon und Vendémiaire. Da ist noch Joséphine de Beauharnais, eine anmutige und umgängliche Kreolin. Ihr Mann, General de Beauharnais, wurde während der Schreckensherrschaft guillotiniert. Sie ist zweiunddreißig Jahre alt und hat zwei Kinder: Hortense und Eugène. Napoleon erzählte später, daß Eugène mit der Bitte zu ihm gekommen sei, das Schwert seines Vaters aufzubewahren, daß er die herzliche Aufnahme und die guten Manieren General Bonapartes gelobt und Joséphine den Wunsch geäußert hätte, dem Helden des Tages zu danken. In Wirklichkeit muß Napoleon ihr mehrmals bei Barras begegnet sein, dessen Geliebte sie war.

In Joséphines kleinem Haus in der Rue Chantereine wurde Napoleon sogleich ein vertrauter Gast und verliebte sich heftig. Die Frauen hatten ihn bisher nicht verwöhnt. Joséphine war welterfahren, sie kannte sich aus in allen Künsten der Liebe, sie hatte kein Geld, aber wertvolle Beziehungen. Barras riet dem jungen General, sie zu heiraten. Sie mogelte mit ihrem Alter? Sie war sechs Jahre älter als er? Was machte das aus? Durch sie gewann er nicht nur die Sympathien des Ancien régime (wie Balzac durch Madame de Berny), sondern auch nützliche Freundschaften des neuen Regimes; sie würde ihm «Substanz» verleihen. Die Heirat fand statt, und Barras übergab ihm als Hochzeitsgeschenk den Oberbefehl der Armee in Italien.

Danach hatte Bonaparte schon lange gestrebt, aber die Aufgabe, die ihn erwartete, war nicht einfach. Als der neue Oberbefehlshaber am 27. März 1796 in Nizza eintraf, zählte die aktive Armee knapp

40 000 Mann. Der Feind, die Österreicher und Piemonteser, verfügte über 80 000. Die französischen Soldaten lebten in unglaublichem Elend; sie hatten weder Stiefel noch Kleider. Und sie hatten nichts zu essen, da der Nachschub stockte. Sie schossen nur der Ehre wegen, denn sie kamen keinen Fuß breit vorwärts. Die Ankunft des neuen Generals «revolutionierte im wahrsten Sinne ihre Lebensweise» (Stendhal). Die dienstälteren Generale Masséna, Augereau, Berthier waren zorngeladen, daß man ihnen einen solchen Grünschnabel vor die Nase setzte. Sie hatten sich eine gewisse republikanische Vertraulichkeit angewöhnt und glaubten, sich noch mehr gegen den neuen Chef herausnehmen zu können, weil er – von kleinem Wuchs – keineswegs durch sein Äußeres bestach. Seine Haare waren lang und ungekämmt. Er trug als Gürtel eine «mehr als nachlässig geknotete» Trikolore und sprach mit stark korsischem Akzent.

Aber schon bei den ersten Zusammenkünften wußte er sich Gehorsam zu verschaffen. Seine Haltung, sein Blick, der Ton seiner Stimme, alles hielt «die alten Schnauzbärte» in einer gewissen Distanz. Mit den Generalen war er streng und wortkarg; den Soldaten jedoch wußte er schnell neue Hoffnung einzuflößen. *Soldaten, ihr seid nackt und schlecht ernährt. Ich werde euch zu den fruchtbarsten Ebenen der Erde führen. Reiche Provinzen und große Städte werden in eure Hände fallen. Dort werdet ihr Ehre, Ruhm und Reichtum finden.* Es war ein Aufruf im Stil der Antike, die Rede eines Mannes, der Plutarch und Livius gelesen hat. Aber wenn er sein Gesicht nicht verlieren wollte, mußte er auch vollbringen, was er versprach. Hatte er einen Feldzugsplan? In Carnots Amtszimmer war ein Plan ausgearbeitet worden, und ihn befolgte er zunächst.

Man muß sich daran erinnern, daß er in der Führung großer Einheiten kaum erfahren ist. Aber es fällt ihm leicht, zu lernen und zu improvisieren. Dabei kommen ihm einige Veranlagungen seines Charakters sehr entgegen. Es macht ihm überhaupt nichts aus, sich vor aller Welt zu informieren. Seine Unterhaltung ist ein Feuerwerk von präzisen, aufeinander abgestimmten Fragen. Ein Vorgesetzter, der weniger selbstsicher ist, hätte befürchtet, seine Unwissenheit zu verraten. Er nicht. Er ist überzeugt, daß er bald mehr weiß als seine Informanten; er hat einen Verstand, der alles in sich aufnimmt und alles registriert. Zudem hat er sich schon ein beachtliches Wissen erworben; er hat viel gelesen; in einem Land von so unterschiedlicher Beschaffenheit wie Italien findet er sich durch seine geographischen und geschichtlichen Kenntnisse leicht zurecht. Er hat diese Königreiche, diese Kirchenstaaten studiert; er selbst ist seiner Geisteshaltung nach Italiener. Und schließlich versteht er es, jeden Sieg und jede günstige Gelegenheit für sich auszunutzen.

Die Schlacht von Rivoli im Januar 1797.
Gemälde von Philippoteaux

Schon in den ersten beiden Wochen folgt er den Grundsätzen Guiberts: an einem bestimmten Punkt der Stärkste zu sein und an diesem Punkt anzugreifen. Das ermöglicht ihm, die verschiedenen Armeen des Feindes getrennt zu schlagen, sich die Straße nach Piemont zu öffnen und einen Waffenstillstand mit König Viktor Amadeus zu unterzeichnen. Wer hat dem jungen General die Vollmacht gegeben, in Frankreichs Namen zu verhandeln? Niemand. Aber die Regierung, mit der er es in Frankreich zu tun hat, ist schwach. Sie braucht Geld und Erfolg. Bald wird er Arme voller erbeuteter Fahnen, karrenweise Gold und herrliche Kunstwerke nach Paris schicken. Welche Regierung würde solche Gaben zurückweisen? Außerdem ist der Kommissar, den das Direktorium ihm an die Seite gestellt hat, Salicetti. Er kennt dessen Schwächen und nutzt sie aus. So dringt er gleichzeitig in die hohe Politik ein und in die große Strategie.

Die Österreicher befehligt ein General von altem Ansehen: Beaulieu. Aber was soll er tun gegen einen jungen korsischen Teufel, der die klassischen Kriegsregeln nicht beachtet, der skandalöse Wagnisse unternimmt und überall zugleich ist? Dieses Land der Berge und Täler war für Überraschungsangriffe ideal und beflügelte Bonapartes Genie. Am 10. Mai gewann ihm der Sieg von Lodi das Vertrauen der ganzen Armee. Unter Einsatz seines Lebens stürmte er selber die Front. An jenem Tage wurde ihm erstmalig bewußt, daß das Schicksal ihn für Großes ausersehen hatte. Später sagte er zu Las Cases, er wäre nach Toulon und Vendémiaire noch weit davon entfernt gewesen, sich für ein höheres Wesen zu halten, nach Lodi aber hätte er begriffen, daß seinen Zielen keine Grenzen gesetzt waren. Zu Gourgaud sagte er: *Ich sah die Welt unter mir dahinfliehen, als würde ich von den Lüften fortgetragen.*

Er war jetzt Herr von Mailand und der reichen Lombardei. Alle anderen italienischen Staaten wünschten zu verhandeln. Was die Armee betraf, so hat Stendhal besser als jeder andere den Siegestaumel jener jungen Offiziere beschrieben, die oft nur ein einziges Paar Schuhe und zu dritt eine lange Hose besaßen, die sie sich gegenseitig borgten, wenn die schönen und feurigen Frauen sie in ihren Palazzi empfingen. Ein Teil des italienischen Adels zeigte der republikanischen Armee die kalte Schulter, aber die Masse des italienischen Volkes war überglücklich, von der österreichischen Besatzung befreit zu sein. Mit Geschick gelang es Napoleon, auch die Priester für sich zu gewinnen. Einer seiner italienischen Verwandten war ein alter Domherr; ihm stattete er einen Besuch ab. Mag sein, daß das Direktorium darüber nicht gerade erfreut war. Aber was konnte es gegen den Sieger tun? Als man Bonaparte vorschlug, seine Armee mit Kellermann zu teilen, bot er seinen Abschied an. «Allein oder gar nicht.» Er sagte es taktvoller, aber es war ein eindeutiges Ultimatum.

Jetzt wurde er mehr denn je gebraucht. Wenn die diskreditierte Regierung in Paris ein Minimum an Autorität bewahren wollte, mußte sie außenpolitischen Ruhm vorweisen: sie mußte Belgien behalten und sich, wenn möglich, das linke Rheinufer verschaffen. Das aber hing von Österreich ab. Und um die Österreicher an den Verhandlungstisch zu bringen, mußte man in Italien festen Fuß fassen und ihnen eines Tages ein Tauschgeschäft anbieten: Norditalien gegen Frankreichs natürliche Grenzen. Für eben dieses Ziel setzt sich Bonaparte ein. Er hat einen Plan: in Italien zwei Republiken zu errichten, die unter seinem Schutz stehen sollten, und den Österreichern als Ausgleich Venedig zu geben. Aber Österreich will noch nicht verhandeln und schickt gegen die Franzosen seine besten Generale: Wurmser und Alvinzy. Bonaparte kämpft wie ein Löwe.

Seine Wut ist um so größer, als er Qualen der Eifersucht erleidet. Er schreibt Joséphine Briefe voll leidenschaftlichem Begehren, «brennende Liebesbriefe, in denen kaum von etwas anderem die Rede ist

Der Militärputsch vom 4. September (18. Fructidor) 1797

als von Küssen» (Mérimée). Joséphine aber betrügt ihn, wie er erfährt, mit einem gewissen Monsieur Charles, dem «wir die unbe-
zähmbare Wut zu verdanken haben, die den italienischen Feldzug
beflügelte» (Maximilien Vox). Es sind eigentlich schöne Briefe trotz
ihrer unglaublichen Orthographie. *Ich bin nicht froh. Dein letzter
Brief ist kalt wie die Freundschaft. Ich habe darin nicht dieses Feuer
gefunden, das in Deinen Blicken glüht... Weißt Du nicht, daß es
ohne Dich, ohne Dein Herz, ohne Deine Liebe, für Deinen Gatten
weder Glück noch Leben gibt... Fern von Dir sind die Nächte lang,
schal und traurig. Neben Dir wünschte man, daß die Nacht nie zu
Ende geht.* Aber Joséphine ist kalt. Sie macht sich über ihn lustig. Sie
begreift nicht, daß sie den größten Mann ihrer Zeit geheiratet hat.

Als sie sich endlich entschließt, zu ihm zurückzukehren, ist es der
Augenblick, in dem Wurmser mit einer neuen österreichischen Armee
erscheint und Italien – in einem Anfall von Wankelmut – bereit ist,
sich zu erheben, sobald die Franzosen besiegt sind. Es ist ein Augenblick höchster Gefahren, aber Bonaparte vollbringt Wunder über
Wunder. Wurmser muß sich in den Schutz der Mauern von Mantua

zurückziehen. Alvinzy, der ihm zu Hilfe eilt, wird ebenfalls geschlagen. Der berühmte Übergang über die Brücke von Arcoli ist auf einem herrlichen Gemälde festgehalten, wo der hagere General mit dem heroischen Gesicht das Banner der Trikolore schwingt. Thiébault behauptet, die Dinge hätten sich weniger romantisch abgespielt, aber es ist die Legende, die überdauern wird.

Joséphine hatte einen gestiefelten Kater geheiratet, ein Glückskind des Schlachtfeldes, einen kleinen Soldaten, der sich hochgedient hat; in Italien findet sie einen Souverän wieder. Miot de Melito, diplomatischer Abgesandter des Direktoriums in der Toscana, der Bonaparte auf Schloß Mombello nahe Mailand besucht, erlebt dort einen wahrhaft königlichen Hof. Ein strenges Protokoll regelt den Ablauf der Audienzen, der öffentlichen Diners. Französische Generale, italienische Adelige, Lieferanten kommen und gehen. General Bonaparte diskutiert, entscheidet, verwaltet, mit einem Wort: er regiert, als sei er sein Leben lang Staatschef gewesen.

Was ich hier getan habe, sagt er zu Miot, *ist noch gar nichts. Ich stehe erst am Anfang meiner Karriere. Glauben Sie, daß ich mir in Italien Siegeslorbeeren hole, nur um die Advokaten des Direktoriums, Carnot und Barras, großzumachen?* Miot folgert, er habe soeben einen Mann gesehen, «dem republikanische Ideen und Institutionen völlig fremd sind».

Das Direktorium kennt seine Gefühle, es mißtraut ihm und entsendet General Clarke, um ihn zu überwachen und sich zu gegebener Stunde mit Österreich zu verständigen. Bonaparte hat es nicht eilig, zu verhandeln; denn damit wäre seine königliche Herrschaft in Italien zu Ende. Auch ist er überzeugt, daß die Ideologen in Paris gar nichts von italienischen Geschäften verstehen, die sie mit den Prinzipien der Französischen Revolution verwechseln. Er selber hat unlängst ein wenig Jakobinismus studiert. Er wird sich erneut damit beschäftigen, wenn die Umstände es erfordern. Im Augenblick jedoch ist Italien, wie es ist: die Priester sind noch immer mächtig, und mit dem Papst muß man behutsam umgehen. Auch die französische Armee ist, wie sie ist: im Grunde sympathisiert sie mit der Sansculotten-Partei. Auch sie muß behutsam behandelt werden. Ihm aber, der von Doktrinen wenig hält, wird die Rolle eines realistischen Vermittlers zufallen.

Im Januar 1797 wird Alvinzy bei Rivoli geschlagen; Wurmser kapituliert. Ist das der endgültige Sieg? Noch nicht. Österreich hat noch immer einen großen General: den Erzherzog Karl. Er hält Napoleon ebensowenig stand wie die anderen. Durch seinen Rückzug ist die Straße nach Wien offen. Würden die französischen Rheinarmeen angreifen, wäre ein Feldzug nach Österreich hinein möglich. Aber die

Rheinarmee rührt sich nicht. Und in Italien ist der Nachschub nicht gesichert. Man muß ein Ende machen. Im April unterzeichnet Bonaparte in Leoben einen vorläufigen Friedensvertrag. Warum Frieden, wenn er – solange Krieg ist – so sehr an Prestige gewinnt? Weil Frankreich für die Wahlen rüstet, und diese Wahlen werden mit Sicherheit jene Rechte an die Macht bringen, die er auf den Stufen von Saint-Roch niedergemäht hat. Da die Rechte den Frieden will, wird er ihr diesen Frieden geben; er wird sich mit ihr versöhnen, während seine Siege ihm gleichzeitig die patriotische Linke sichern. Schon plant dieser junge General überlegen seine Züge auf dem Schachbrett der Politik.

Der Frieden von Leoben ist kein endgültiger Frieden. Soll man ihn überhaupt schließen? *Ich möchte die Armee in Italien nur verlassen, wenn ich in Frankreich eine ähnliche Rolle spiele wie hier, und dieser Augenblick ist noch nicht gekommen . . .* Eine ähnliche Rolle? Sie könnte nur die eines obersten Schiedsrichters sein, das aber möchte das Direktorium unter allen Umständen verhindern. Bonaparte wartet ab, auf welche Seite sich in Frankreich die Waagschale neigen wird. Sollten die Royalisten siegen, muß er möglicherweise einschreiten, denn er möchte auf keinen Fall eine Restauration der Monarchie. Als die Rechte tatsächlich gewinnt, schickt er den drei «linken» Mitgliedern des Direktoriums Augereau zu Hilfe. Augereau, brutal und wenig intelligent, liquidiert in wenigen Stunden die neue reaktionäre Mehrheit. Es ist der 18. Fructidor: dem Gewaltstreich folgen Verhaftungen und Deportationen. Bonaparte hütet sich, selber darein verwickelt zu werden; er überläßt es Augereau, sich unpopulär zu machen. Dann kann er «zu gegebener Stunde» im eigenen Namen Einmütigkeit fordern.

Inzwischen verhandelt er entgegen den Weisungen des Direktoriums, das am Fructidor vom Fleisch des Löwen gegessen hat und jetzt davon spricht, in Wien eine Republik zu errichten. Bonaparte, der solche Torheiten energisch verwirft, stimmt mit dem Außenminister Talleyrand überein, der genau wie er den Sinn für das Mögliche besitzt. Der Frieden von Campoformio, den Napoleon diktiert, ist ein vernünftiger Frieden: Der österreichische Kaiser verzichtet auf Belgien; die Entscheidung über das linke Rheinufer bleibt offen. Es geht an Frankreich, falls die deutschen Staaten ihre Einwilligung geben. Das alles wäre vollkommen, würde auch England diesen Frieden unterzeichnen. Aber jene Hoffnung zerschlägt sich. England setzt sich prinzipiell gegen jeden zur Wehr, der auf dem Kontinent zu mächtig wird.

Soll sich Bonaparte, durch diesen siegreichen Frieden gestärkt, auf seine Armee stützen, um das Direktorium zu stürzen? Er weiß, wie unklug das wäre. Die Armee ist auf seiten der Republikaner; er ist nicht sicher, ob sie ihm beistehen wird. Die Zeit ist noch nicht reif. Die Mitglieder des Direktoriums fürchten ihn und wollen ihn anderweitig verwenden. Er soll die Invasionsarmee gegen England befehligen. Aber eine solche Armee existiert noch gar nicht. Also schickt man den lästigen Sieger zum Kongreß nach Rastatt, wo seine Mission darin besteht, die deutschen Staaten zur Abtretung des linken Rheinufers zu überreden. Als er dort zu erfolgreich zu sein scheint, ruft man ihn nach Paris zurück.

Vor einundzwanzig Monaten hat er die Hauptstadt verlassen. In diesen einundzwanzig Monaten ist aus dem unbekannten Soldaten der Held der Nation geworden. Schon beginnt er, seine Familie mit Ämtern und Würden zu versorgen. Joseph ist Kommissar der Republik in Parma, Lucien Kriegskommissar; Louis war Adjutant seines Bruders in Italien. Madame Laetizia lebt mit ihren Töchtern in Paris. Napoleon habe Glück gehabt, sagen seine Neider. Aber er glaubt nicht an das Glück; er glaubt an seinen Stern, was etwas ganz anderes ist. Es ist die Kunst, die Umstände zu nutzen – ein Wesensmerkmal des Genies.

Paris hat Bonaparte mit allzu offenen Armen empfangen. Ein Grund mehr für ihn, allen zunächst noch ein Rätsel zu bleiben. Die Rue Chantereine, wo er wohnt, hat man in Rue de la Victoire umbenannt. Er weiß, daß seine Popularität die Mitglieder des Direktoriums beunruhigt. Also gibt er sich bescheiden und demütig. Er stellt sich nicht in Uniform zur Schau, sondern zeigt sich meist in Zivil. Nach seiner Wahl in das Institut de France (Akademie der Wissenschaften) trägt er bei feierlichen Anlässen die akademische Uniform. In Italien hat er sich mit dem Mathematiker Monge angefreundet, dem Schöpfer der beschreibenden Geometrie. In Paris umgibt er sich mit Gelehrten: Laplace, Berthollet. Für ihn, der auf alles neugierig ist, sind diese Wissenschaftler wertvolle Verbündete. Zudem beruhigen sie die Advokaten des Direktoriums. Man schmiedet mit Gelehrten keinen Komplott. Freiwillig entfernt er sich von der Macht; er bittet um nichts; er vermeidet, sich in irgendeiner Form zu kompromittieren. Er weiß um seine Stärke: ein Held auf Abruf zu sein, der außerhalb und über den Parteien steht. Es fällt ihm überdies nicht schwer, sich an diese Politik zu halten. Er ist unbeteiligt an den Leidenschaften der Franzosen: Royalismus oder Jakobinertum. Und er weiß, daß jede politische Initiative seinerseits verfrüht wäre.

Aber irgend etwas muß er tun. *In Paris bewahrt man an nichts eine Erinnerung; wenn ich tatenlos zusehe, bin ich erledigt.* Auch das Direktorium möchte ihn beschäftigen; seinen Mitgliedern ist Bona-

partes Ruhm «inopportun». Man gab ihm doch den Oberbefehl über die Invasionsarmee. Warum hat er sich nicht schon eingeschifft? Dieser Plan erscheint ihm trügerisch. Frankreich hat keine ausreichende Flotte für eine Invasion, die in jedem Fall nur eine vage Hoffnung ist. Hoche hatte ein ganzes Jahr verloren mit den Vorbereitungen einer Eroberungsfahrt nach Irland, die dann doch aufgegeben wurde; Bonaparte hat schon nach drei Wochen das England-Projekt verworfen. Was nun? Das Direktorium besitzt zahlreiche Pläne, England an einer anderen Front anzugreifen. Könnte man nicht, indem man sich Ägyptens bemächtigt und bis nach Persien vorstößt, den Weg nach Indien abschneiden? Das ist ein alter Traum der französischen Diplomatie; Choiseul hatte ihn gehegt, dann Talleyrand. Auch Bonaparte träumte schon immer vom Orient. Er sprach darüber mit Junot, als die beiden, unglücklich und beschäftigungslos, durch die Straßen von Paris gingen. Hatte er nicht schon einmal daran gedacht, in die türkische Armee einzutreten? Wieviel aufregender würde es sein, den Orient an der Spitze einer französischen Armee zu besiegen!

Es war kein leichtes Unternehmen. Nelsons Flotte beherrschte das Mittelmeer, und man mußte mindestens 40 000 Mann nach Ägypten transportieren. Dennoch lieh das Direktorium diesen phantastischen Plänen sein Ohr. Um einen allzu beliebten General loszuwerden? Das allein wäre kein ausreichender Grund. Dieser General verhielt sich eigentlich ruhig, und die Unzufriedenheit in Frankreich war nicht mehr so groß. Aber die Revolution hatte so vieles erreicht, so viele Länder erobert, so viele Armeen besiegt, daß sie sich die großartigsten Hirngespinste erlaubte. An

dieses hier glaubte selbst Bonaparte. Er sprach zu Monge von den gigantischen Dingen, die ein Mann wie er im Orient mit seinen Reichtümern und seiner vielfältigen Geschichte vollbringen könnte. Der General und die Minister waren einverstanden; in Ägypten würde man England zwingen, das neue Europa zu akzeptieren.

Bonaparte wird am 25. Dezember 1797 in das Institut de France gewählt

Admiral Nelson.
Gemälde von H. Edridge, 1802

Aber man mußte in Ägypten landen, und Admiral Brueys machte keinen Hehl daraus, daß Nelson die wegen der Geleitschiffe schwerfällige französische Flotte jederzeit zerstören könnte. Das Risiko war immens; Bonaparte ließ es darauf ankommen. Wiewohl meist klug und besonnen, glaubte er, daß gewisse Taten vollbracht werden müßten, damit sich sein Schicksal erfülle. Am 19. Mai 1798 schiffte er sich auf der «Orient» ein. In jener Zeit steckte die Flottenaufklärung noch in den Kinderschuhen. Brueys wußte nicht, wo Nelson war; Nelson wußte nichts von den Plänen Brueys'. Unterwegs eroberte Brueys Malta und setzte dann Segel nach Alexandria. General Bonapartes Gespräche an Bord kreisten um Chemie und Religion, er hörte Musik und hielt nach Nelson Ausschau. In der Nacht kreuzte der Engländer in einer Entfernung von vier bis fünf Meilen die französische Flotte,

sah sie nicht und nahm – sie noch immer suchend – Kurs auf die syrische Küste. Hätte Nelson sie entdeckt, wären Napoleon, seine Armee, sein Stern und fünfzehn Jahre Geschichte auf den Boden des Meeres gesunken.

Die Landung glückte. Die Mamelucken, eine türkisch-ägyptische Dynastie, die das Land beherrschte, wurden besiegt, und Napoleon begann, wie in Italien, zu organisieren. Er hatte Juristen mitgebracht, Verwaltungsbeamte, Naturforscher, Künstler, kurzum all die Fachleute, die notwendig waren, um eine neue Zivilisation zu schaffen, und er schuf sie tatsächlich. Er begründete das moderne Ägypten, indem er seinen Stolz darein setzte, ihm ein französisches Gepräge zu geben, gleichzeitig aber den islamischen Glauben zu achten. Wenn nötig, wäre er sogar selber Mohammedaner geworden. Obgleich er im Grunde seines Herzens Katholik bleibt, ist er in Glaubensdingen nicht fanatischer als in der Politik. Er ordnet an, daß die muselmanischen Feste eingehalten werden; er schreibt den Paschas Briefe in einem Stil, den er für orientalisch hält. Die Mamelucken nennen ihn: Bournaberdis Bey. Das alles hätte leicht zu einer Farce werden können, aber durch seinen Sinn für Würde, durch seine ungewöhnliche Begabung, die Wirkung zu erzielen, die er wünschte, meistert Bonaparte die Situation.

Am 1. August zerstört Nelson die Flotte von Brueys, nachdem er sie endlich in der Bucht von Abukir aufgespürt hat. Brueys selber geht mit der «Orient» unter, jenem Schiff, das Bonaparte nach Ägypten brachte. Ein nicht wiedergutzumachendes Mißgeschick! England wird unumschränkter Herrscher der Meere; die Armee ist von Frankreich abgeschnitten. Erstaunlicherweise scheint das Napoleon nicht zu erschrecken. Wenn er in Ägypten bleiben muß, so wird er eben in Ägypten bleiben und dort regieren wie unlängst in Italien. Die Armee findet in diesem Lande alles, was sie braucht. Und hat er nicht seine eigenen Fachleute? Am Tage nach Abukir gründet er das Institut von Ägypten. Er sagt zu Bourrienne: *Wie lange werden wir in Ägypten bleiben? Wenige Monate oder sechs Jahre ... Wir sind erst neunundzwanzig; wir werden fünfunddreißig sein. Diese sechs Jahre genügen mir, wenn alles gelingt, um nach Indien zu gehen.*

Projekt einer Invasion Englands durch amphibische Transporter

Bonaparte (in orientalischer Tracht) und der Pascha von Kairo

Er macht einen Plan nach dem anderen. Die Türken rücken nach Syrien vor, um ihn aus Ägypten zu vertreiben? Sehr gut! Er wird ihnen entgegengehen, er wird die Christen des Libanon aufwiegeln, er wird auf Konstantinopel marschieren und von dort nach Wien, um Europa auf der Flanke und im Rükken anzugreifen — es sei denn, er beschließt, Indien zu erobern. All das ist zu weit gesteckt, um nach Wunsch zu gehen. Er schlägt die Türken, wird aber seinerseits vor Akkon aufgehalten, das Phélippeaux, ein ehemaliger Kamerad aus Brienne und Emigrant, zusammen mit dem Engländer Sidney Smith verteidigt. Die Festungsmauern sind stark, und Bonaparte hat keine schwere Artillerie. Rasend vor Zorn zeigte er sich während dieses Feldzuges von einer sehr grausamen Seite. In Italien war er noch recht human gewesen (obgleich er auch dort aus Sicherheitsgründen bedenkenlos füsilieren ließ), aber beim Abmarsch von Akkon läßt er die Ernten anzünden und die Gefangenen, die er nicht mitnehmen kann, massakrieren. So hat er auch einmal Louvois gepriesen, als er die Pfalz in Schutt und Asche legte: *Ein Staatsmann hat nicht das Recht, sentimental zu sein.*

Hinzu kommt, daß ihn mehr als zuvor die Eifersucht plagt. Es gibt für ihn keinen Zweifel mehr, daß Joséphine ihn betrügt und daß alle Welt von seiner Demütigung weiß. Die Engländer haben ein paar törichte Briefe abgefangen und sie in der Presse veröffentlicht. Der eine war an seinen Bruder Joseph gerichtet: *Ich habe viel häuslichen Kummer, denn es ist mir wie Schuppen von den Augen gefallen. Ich habe auf Erden nur noch Dich, Deine Freundschaft ist mir sehr teuer. Wenn auch Du mich noch verrätst und ich auch Dich verliere, werde ich zum Menschenfeind.* Er bittet Joseph, für ihn einen Landsitz zu suchen, auf dem er sich nach seiner Heimkehr vergraben kann. Er ist der Menschen überdrüssig. *Ich brauche Einsamkeit und Abgeschiedenheit, Größe langweilt mich, meine Gefühle sind abgestorben, der Ruhm ist schal, mit neunundzwanzig Jahren habe ich das Leben aus-*

geschöpft. In seinem Innern streiten Ossian und Werther mit Caesar und Machiavelli.

Im Juli 1799 hat er genug vom orientalischen Traum. Die großen Hoffnungen sind dahin. Wohl ist ihm manche schöne Geste gelungen (der Besuch der Pestkranken von Jaffa), die seine Legende schmücken wird; er hat regiert und vieles geschaffen, doch nichts davon scheint seinem Geist und seinem Ehrgeiz groß genug. Er braucht Frankreich. Aber er hört zu wenig von dort. Die Engländer fangen alle Briefe ab und lassen von den Zeitungen nur einige wenige, von ihnen zensierte, passieren. So empfängt er nur die schlechten Nachrichten. Italien ist verloren; der Feind rückt vor zum Rhein; es droht die Invasion. Er wird mit Sicherheit gebraucht. Das Direktorium hat ihn auch schon zurückgerufen, nur weiß er nichts davon. Sein Entschluß zurückzukehren, ist rein intuitiv. Natürlich sind auch Risiken damit verbunden. Er muß die Armee im Stich lassen, und dafür werden die

Nelsons Seesieg in der Bucht von Abukir am 1. und 2. August 1798

Abbé Sieyès.
Gemälde von Louis David

Soldaten kein Verständnis haben. Wird Kléber, den er als Oberbefehlshaber zurückläßt, Ägypten halten können? Wird Bonaparte selbst den englischen Patrouillenschiffen im Mittelmeer entgehen? Was kümmert es ihn? Er hat schon mehr als einmal bewußt alles auf eine Karte gesetzt. Wiederum kommt seine Fregatte durch. Er erreicht den Hafen von Ajaccio. Es ist das letzte Mal, daß er ihn sieht (Oktober 1799). Dort erfährt er, daß Masséna und Brune über Russen, Engländer und Holländer gesiegt und damit die Gefahr der Invasion gebannt haben. Der Ruf nach einem Retter ist weniger laut. Aber das Glück bleibt auf seiner Seite.

Er setzt wieder Segel, landet in Fréjus – und ist überwältigt von dem herzlichen Empfang der Bevölkerung. Sein Bruder Joseph, der ihm entgegengekommen war, unterrichtet ihn über alle Ereignisse. Noch immer ist die Mehrheit des Volkes dem Direktorium feindlich gesinnt. Niemand glaubt mehr an dieses Regime; niemand unterstützt es, es sei denn um des eigenen Vorteils willen. Die junge Republik, sagte Taine, leidet an «Altersschwäche, keiner macht eine Anstrengung, sie zu stürzen, und sie selbst hat anscheinend keine Kraft mehr, auf eigenen Beinen zu stehen». Die tragende Säule des ganzen Gebäudes, seitdem Barras in Mißkredit fiel, ist der Abbé Sieyès. Er war erst vor kurzem aus Berlin zurückgekehrt und zum Mitglied des Direktoriums gewählt worden. Er galt als großer Experte in Verfassungsfragen und trat in diesem letzten Akt der nationalen Tragödie als rettender Engel auf. Der Abbé sieht ganz klar, daß man sich nur noch auf die Armee stützen kann. «Ich brauche ein Schwert», murmelt er, «wer soll es tragen?» Hoche und Joubert sind tot. Es bleibt nur Bonaparte. Er ist zwar nicht so freimütig und zuverlässig, aber er ist brillant.

Alles, was General Bonaparte auf seiner Reise nach Paris hört und sieht, beweist ihm, daß Frankreich nach einem starken Mann verlangt, auch wenn es noch nicht recht weiß, welche Aufgabe er erfüllen soll. Die Mehrheit des Volkes will weder die Rückkehr zur Schreckensherrschaft noch die Rückkehr der Bourbonen. Man braucht eine starke Exekutive, so folgert Sieyès, und da sich die Republik im Krieg befindet, sollte der führende Mann ein Militär sein. Er mißtraut Bonaparte, aber er hat keine Wahl. Kein anderer General ist so intelligent, so sachlich, so beliebt. Natürlich kann die Regierung nicht billigen, daß er ohne Befehl seine Armee im Stich gelassen hat, aber das Direktorium wagt nicht, ihn offen zu tadeln. Joséphine steht noch immer sehr gut mit Barras und all denen, die mächtig sind. Anfangs weigerte sich Bonaparte, seine treulose Frau zu sehen. Dann aber versöhnte er sich mit ihr – sei es, daß er ihren Reizen nicht widerstehen konnte, sei es aus Berechnung, weil er auf die Dienste einer gewandten und gut informierten Gattin nicht verzichten mochte. Seit seiner Rückkehr nach Paris hat er sich weder kompromittiert noch engagiert, er hat nicht einen Fehler begangen. Sieyès, Fouché und Talleyrand, «das Triumvirat der Priester», sie alle halten einen Staatsstreich für notwendig. Um ihn erfolgreich durchzuführen, brauchen sie Bonaparte, obgleich sie als Wächter des Gesetzes verpflichtet gewesen wären, ihn wegen Fahnenflucht exekutieren zu lassen. Aber das Gesetz beugte sich der Politik.

Nach den ersten Gesprächen mit Joseph hatte General Bonaparte geglaubt, daß er ein leichtes Spiel haben würde. Weit gefehlt! Drei der fünf Mitglieder des Direktoriums (Gohier, Moulin, Barras) haben ihre Zustimmung verweigert. Nur Sieyès und Roger Ducos kennen den Plan der Verschwörer und billigen ihn. Die Jakobiner im Staatsrat werden heftigen Widerstand leisten. Selbst die Haltung der Armee ist unsicher; sie ist noch republikanisch und revolutionär und könnte sich sehr wohl weigern, sich an einem Staatsstreich zu beteiligen. Bonaparte möchte nicht durch Bajonette zur Macht gelangen. Wenn sich alles auf legalem Wege erreichen ließe, würde er klarer in die Zukunft sehen. So sucht der Abbé ein Schwert, und der, der es tragen soll, sucht die Tugend oder zumindest ihren Schein. Gewiß könnte Lucien Bonaparte als Präsident des «Rates der Fünfhundert» helfen, und im «Rat der Alten» sitzen mächtige Komplicen von Sieyès. Gewiß ist der tausendfach kompromittierte Barras nicht gefährlich, und der in Joséphine verliebte Gohier wiegt sich in schmeichelhaften Illusionen, die die Kreolin sehr geschickt zu nähren weiß. Aber wie dem auch sei, es muß schnell gehandelt werden, damit der Plan, den schon zu viele kennen, nicht zum offenen Geheimnis wird.

Sieyès versuchte, wie es auch Bonaparte wünschte, legal vorzugehen. Es gab keinen, der es wie er verstand, das Gesetz zu respektieren, indem er es übertrat. Sein Plan war folgender: Am 18. Brumaire sollte sehr früh am Morgen der «Rat der Alten» einberufen werden, während man «vergessen» würde, die Opposition zu verständigen. Sobald die «Alten» über das gefährliche Komplott unterrichtet wären, das den Räten drohte, würden sie beschließen, die «Fünfhundert» sollten sich nach Saint-Cloud begeben, wo die von Bonaparte befehligten Truppen sie schützen würden. Dort schlüge man ihnen eine neue Verfassung vor, der die Räte zuzustimmen gezwungen seien, da sie sich von Paris abgeschnitten und von Soldaten umgeben wüßten. Alsdann würden drei Konsuln, Bonaparte, Sieyès und Roger Ducos, die Macht übernehmen.

Die erste Phase dieses Vorhabens spielte sich ab wie geplant, obgleich Bonaparte vor dem «Rat der Alten» eine zu lange und ziemlich schlechte Rede hielt. Lucien hatte die Sitzung der «Fünfhundert» sofort nach dem Verlesen des Dekretes geschlossen. «Eine Erklärung», so sagte er, «wird morgen in Saint-Cloud erfolgen.» Natürlich waren viele Abgeordnete beunruhigt. Sie ahnten die für sie sehr gefährlichen Folgen. Sieyès wollte die Feindseligsten unter ihnen verhaften lassen. Aber Bonaparte weigerte sich. Er war der Ansicht, daß dieses Unternehmen, wenn es in einen Gewaltakt ausartete, schon morgen von jedem anderen General gegen eine Regierung, die in nichts legitim wäre, wiederholt werden könnte. Dennoch mußte man am 19. Brumaire in Saint-Cloud Gewalt anwenden, denn die Gemü-

Fouché, 1796

Talleyrand, 1796

ter erhitzten sich. Gleich zu Beginn der Sitzung der «Fünfhundert» protestierten die Jakobiner auf das heftigste. Sieyès' Freunde verloren an Boden. Bonaparte hatte sich an den Vortagen vor allem mit seinen Amtsbrüdern vom Institut de France umgeben; er hatte den Salon von Madame Helvétius besucht. Er hätte es gern gesehen, wenn seine Ernennung als ein Triumph der Vernunft erschienen wäre. Als er hörte, daß die Debatte einen schlechten Verlauf nahm, beschloß er, sich persönlich zu zeigen – in der Hoffnung, daß seine Anwesenheit genügen würde, um «die Advokaten» einzuschüchtern.

Der Empfang im «Rat der Alten» war gut, aber die Ungeschicklichkeit seiner Rede bestürzte seine Anhänger. Der Tumult brach aus, sobald er den «Rat der Fünfhundert» betrat. Die jakobinische Linke schrie: «Ächtet ihn!» So mutig Bonaparte auf dem Schlachtfeld war, so sehr fürchtete er jedweden Krawall. Unfähig, einer feindseligen Versammlung die Stirn zu bieten, von allen Seiten handgreiflich bedrängt und völlig aus der Fassung gebracht, befiel ihn eine Art Ohnmacht. Die Grenadiere mußten ihn aus dem Saal schaffen. Als er wieder zu Bewußtsein kam, bestieg er sein Pferd und sagte den Soldaten, man hätte versucht, ihn meuchlings zu ermorden. Die Grenadiere, denen der General, aber auch die Abgeordneten in Uniform Respekt einflößten, wußten nicht mehr, ob sie ihm gehorchen oder ihn verhaften sollten. Lucien rettete die Situation. Als Präsident der

45

Der Morgen des 9. November (18. Brumaire) 1799

«Fünfhundert» hatte er das Recht, gegen jeden Abgeordneten, der die Beratungen der Versammlung störte, die Truppen zu Hilfe zu rufen. Er machte von diesem Recht Gebrauch. Unter Trommelwirbeln, angeführt von Joachim Murat, stürmten die Grenadiere den Saal. Der Staatsstreich war geglückt. Die Deputierten flohen über die Gänge, doch Lucien griff sich einige heraus und drängte sie, dafür zu stimmen, daß auf die abgesetzten Mitglieder des Direktoriums drei Konsuln folgen sollten: Bonaparte, Sieyès und Roger Ducos. Das Volk hörte nur einen Namen. Niemand bestritt die Legalität der neuen Regierung. Frankreich war nicht vergewaltigt worden, es hatte sich selber preisgegeben.

Am nächsten Tag fuhr Bonaparte in einer Kutsche durch Paris zum Luxembourg. Es war – wie jeder zehnte Tag im republikanischen Kalender – ein öffentlicher Feiertag. Die Luft war mild und roch nach Regen. An den Hauswänden verkündeten amtliche Plakate den Wechsel des Regimes. Keine der Arbeitervorstädte erhob sich, um die Jakobiner zu verteidigen. Paris stand ganz im Zeichen der Entspannung und der Freude. Abends in den Theatern applaudierte man allem, was positiv auf dieses große Ereignis anzuspielen schien. Auf den

Proklamation mit der Ernennung Bonapartes,
Sieyès' und Roger Ducos' zu Konsuln

LES REPRÉSENTANS

DU PEUPLE,

MEMBRES DE LA COMMISSION DU CONSEIL
DES CINQ-CENTS, Soussignés.

Aux Administrateurs, aux Commissaires des Consuls de la République française, et aux Citoyens du Gard.

CITOYENS,

LEs immortelles journées des 18 et 19 Brumaire ont sauvé la République d'une prochaine et inévitable dissolution.

L'exercice des droits du Peuple français va enfin être organisé d'une manière stable et digne de lui par les Commissions des deux Conseils.

Les premiers Hommes de l'Europe sont à la tête du Gouvernement provisoire.

BONAPARTE, SIEYES; et leur digne Collègue **ROGER-DUCOS** ont l'initiative des moyens de bonheur et de félicité publique.

Le Corps législatif, tous les Membres de la grande Nation, en seront ensuite les Juges.

Loin de nous l'idée que cette mémorable journée soit souillée de souvenirs amers, ou de désirs de vengeance.

Habitans du Gard, nous sommes aux beaux jours de 1789, et nous avons acquis dix ans d'expérience.

Signés, **J. P. CHAZAL. CHABAUD.**

Imprimée par ordre de l'Administration Centrale du Département du Gard.

BRESSON, *Président.*

DUCHESNE, *Secrétaire en chef.*

A NISMES, de l'Imprimerie de J. A. Texier, Imprimeur du Département du Gard, dans le ci-devant Grand-Couvent.

Straßen folgten Umzüge und Fackelträger den öffentlichen Ausrufern, die das Konsulat proklamierten. Trompeten erklangen, Trommeln wirbelten. Die Menschen umarmten sich und riefen: «Nieder mit den Tyrannen! Friede!» Sie alle dachten, daß dieser unbesiegbare, aus dem geheimnisvollen Orient zurückgekehrte General kampflos über Europa triumphieren würde. Die Konditoreien verkauften Bonapartes aus Zuckergebäck mit der Inschrift: «Frankreich verdankt ihm den Sieg; es wird ihm den Frieden verdanken.»

Das Volk billigte den Gang der Dinge. Im Grunde wollte es im Innern des Landes nichts anderes, als daß die Errungenschaften der Revolution gewahrt würden, das heißt Abschaffung der Feudalrechte, Verfügung über den Staatsbesitz; nach außen verlangte es Frankreichs natürliche Grenzen und Frieden. Die arrivierten Königsmörder wünschten eine Garantie der Straffreiheit, während viele Emigranten die Rückkehr ersehnten. Alle diese Erwartungen waren nicht leicht zu erfüllen. Aufkäufer, Eigentümer, Jakobiner, ja sogar die Akademien, die einen nicht geringen moralischen Einfluß ausübten, sie alle mußten mit Vorsicht behandelt werden. Am 21. Brumaire nahm der General seinen Sitz in der Akademie der Wissenschaften unter seinen Amtsbrüdern ein. Im Palais Luxembourg trug er Zivilkleidung, einen weiten grünen Gehrock, in dem er versank. Dort empfing er seine künftigen Mitarbeiter.

Er wollte, daß Talleyrand das Außenministerium behielt, Fouché die Polizei. Cabanis, ein Mitglied der Akademie und Philosoph im Stil des 18. Jahrhunderts, sollte das Innenministerium übernehmen. Der General bestach alle durch seine Intelligenz, seine Wißbegierde, seinen beinahe vertraulichen Umgangston. Er lenkte die Unterhalung und stellte seine Fragen so, daß niemand die Lücken in seinem issen bemerkte. «Noch keiner», schreibt Molé, «hat jenen Bonaparte dargestellt, der alles kann, bevor er irgend etwas kennt; er lernt und beherrscht alles gleichzeitig... Wer hat ihn beschrieben – diesen ersten Flug des Genies ins Unbekannte und Neue?»

Was hatte er vor? So hart wie möglich am Wind zu segeln und dabei keine Strömung, keine Bö zu übersehen. *Die Revolution*, so sagte er, *muß lernen, nicht vorauszuschauen. Er lebte nur für den Tag*: das war das Geheimnis seines Erfolgs. Frankreich war schwerkrank; fünf Jahre des Fiebers hatten es völlig entkräftet. Es galt, die Wunden zu heilen und auf gut Glück zu regieren.

In diesen letzten Tagen des Brumaire 1799 war Napoleon noch nicht der erste Mann im Staat. Sieyès, der Pontifex maximus der Revolution, arbeitete im stillen an der Verfassung, die sein Meisterwerk werden sollte. Sein geheimes Bestreben ging dahin, die Versammlungen abzuschaffen, deren Nachteile er klar erkannt hatte.

Cambacérès, Bonaparte und Lebrun, 1799

Da er das aber nicht offen zu tun wagte, ersetzte er die Wahl durch Vorschlagslisten von Notabeln, die das Volk billigen mußte und aus denen die Mitglieder der Räte gewählt werden sollten. An der Spitze der Pyramide würde ein unabsetzbarer Groß-Elektor stehen, der im Palais von Versailles residieren, zwei Konsuln ernennen und der einzige Repräsentant nationaler Macht sein sollte.

«Die Macht muß von oben, das Vertrauen von unten kommen.» Eine legislative Versammlung stimmte über die Gesetze ab; ein Tribunat diskutierte sie; ein konservativer Senat amtierte als höchster Gerichtshof, um die Verfassung zu schützen. Die Versammlung, die über die Gesetzesvorschläge diskutierte, durfte selber nicht abstimmen. Es genügte also, das Tribunat auszuschalten, um jede Diskussion zu unterdrücken. Niemals hatte es eine antidemokratischere Verfassung gegeben. Sieyès bot Bonaparte den Posten des Groß-Elektors an. Er aber lehnte mit den Worten ab, er würde lieber nichts sein *als ein Schwein, das gemästet wird oder ein Schattenkönig.* Daraufhin schuf Sieyès das Amt eines Ersten Konsuls, der über alle exekutive Gewalt verfügte. Dieses Amt sollte natürlich Bonaparte zufallen. Sieyès und Roger Ducos traten wieder in den Hintergrund. Bonaparte, dessen Lieblingsidee es war, die Franzosen «zu fusionieren», das heißt zu einen, wählte zu seinen Helfern Cambacérès, ehemals Präsident des Wohlfahrtsausschusses, und Lebrun, einen Mann des Ancien régime. Sie waren beide gemäßigt. Verschiedene Aufschriften, gleicher Inhalt: Das war das Geheimnis der «Fusion».

Diese konsularische Republik, wo ein einziger, auf zehn Jahre gewählter Mann regiert, Beamten, Minister, Offiziere ernennt und entläßt, ist in Wirklichkeit eine «persönliche Monarchie». Nur hält man am Grundprinzip des Wählens fest und läßt den Gewählten vom Volk bestätigen. Im Februar 1800 fand eine Volksabstimmung statt. Von drei Millionen Wählern stimmten nur 1500 mit Nein. Gewiß erfolgte die Stimmabgabe durch öffentliche Eintragung. Hätte sie geheim stattgefunden, wäre das Ergebnis aber kaum anders gewesen. Die Franzosen waren nur zu glücklich, daß ein Mann, den sie bewunderten, ihr Schicksal in die Hände nahm. Sie sehnten sich nach Frieden in ihrem Land. Was die alte revolutionäre Elite betraf, so glaubte sie, die Oberhand zu behalten. Frankreich hätte lediglich seine Aristokratie gewechselt, und das sei alles, dachten die jetzt Besitzenden. Für die breite Masse war die Verfassung gleichbedeutend mit einem Wort: Bonaparte.

Und Bonaparte selber? Er genoß die Macht wie ein Mann, der sich dazu geboren fühlt, sie auszuüben. Etwas von diesem Rausch hatte er schon in Italien und Ägypten gespürt. Aber seine wahre Geliebte war Frankreich. Sie gab sich ihm mit Wonne und Zuversicht hin. Alles mußte neu aufgebaut werden. Als die Konsuln ihr Amt antraten, hatten sie erklärt: «Bürger, die Revolution ist zu den Grundsätzen zurückgekehrt, von denen sie ausgegangen ist; sie ist zu Ende.» Es galt ferner, die Vendée und die Parteien auszusöhnen, den Emigranten die Rückkehr zu ermöglichen, kurzum *die Angst auszutreiben.* Bonaparte ist bereit, zu verzeihen und zu vergessen, wenn man nur der nationalen Regierung die Treue hält. Er will nicht wissen, was die Bürger gestern taten; er fragt sie: *Wollt ihr mit mir heute und morgen gute Franzosen sein? Und wenn sie ja sagen, zeige ich ihnen den Weg der Ehre.*

Vor allem mußte er die Finanzen sanieren, denn am Abend des 19. Brumaire hatte das Direktorium keinen Franc mehr in der Kasse. Hier offenbart sich Bonapartes außerordentliche Begabung in der Organisation der Verwaltung. In den Staatsrat, der das Hauptwerkzeug seiner Arbeit sein wird, beruft er – ohne Unterschied der Partei – hervorragende Männer. Praktische Köpfe und gute Arbeiter sind ihm lieber als Ideologen. *Gelehrte und Intellektuelle sind für mich* wie kokette Damen; man sollte sie besuchen, mit ihnen schwatzen, aber sie weder heiraten noch zu Ministern machen. Er ist klug genug, Finanzexperten heranzuziehen; auf ihren Rat hin gründet er die Bank von Frankreich und stabilisiert die Währung. Das allein sollte ihm die Dankbarkeit der Franzosen sichern, die ein überaus sparsames Volk sind. Die Presse überwacht er scharf; die Zeitungen sollen nicht *Werkzeuge sein in den Händen der Feinde der Republik.* Er läßt nur dreizehn Zeitungen bestehen und warnt sie, daß sie sofort beschlagnahmt würden, wenn sie etwas ver-

William Pitt. Gemälde von Thomas Lawrence, um 1798

öffentlichten, *was der Achtung vor dem sozialen Frieden, der Souveränität des Volkes und dem Ruhm der Waffen schaden könnte.* Der offizielle «Moniteur» wird es übernehmen, die Öffentlichkeit auf seine Weise zu informieren.

Dieser anbrechende Despotismus wurde rasch durch die totale Zentralisierung der Verwaltung verstärkt. Die Präfekten (wie «Konsul» ein der römischen Geschichte entliehenes Wort), die Unterpräfekten, die Gemeindevorsteher, sie alle wurden von der Regierung gewählt. In Paris wurde eine besondere Behörde unter einem Polizeipräfekten errichtet. Erst sehr viel später sollten sich die Gefahren einer so starken und unkontrollierten Macht herausstellen. Im Jahre 1800 milderte die Mäßigung des Tyrannen die Auswirkungen der Tyrannei. Alles bei Bonaparte war berechnet. Wenn er gleich zu Beginn seines Konsulats in den Tuilerien residiert, dann will er die Kontinuität der Macht unterstreichen und den Royalisten bekunden, daß er keineswegs gedenkt, den Bourbonen zuliebe ein vorübergehender Wächter der Macht zu sein. Es bereitet ihm Vergnügen, die Residenz der Könige zu bewohnen, aber er bewahrt sich dabei seinen Sinn für Humor. *Vorwärts, kleine Kreolin,* sagt er zu Joséphine, *legen Sie sich in das Bett Ihrer Gebieter.* Zu Bourrienne, seinem Sekretär: *Bourrienne, in den Tuilerien zu sein, ist nicht alles. Man muß dort bleiben.* Seiner Mutter, die ihm vorwirft, zuviel zu arbeiten, antwortet er mit einer korsischen Redewendung: *Bin ich der Sohn der weißen Henne?* Als der Staatsrat Rœderer, der ihn zum erstenmal zwischen den alten düsteren Wandteppichen der Tuilerien sieht, zu ihm sagt: «Das ist traurig, General», entgegnet er: *Ja, wie die Größe* – die Antwort eines Philosophen und – eines Dichters. Er weiß besser als jeder andere, wieweit sein Abenteuer ans Wunderbare grenzt und wie sehr es von der Gunst des Zufalls abhängig bleibt. Wenn es andauern soll, muß er den Franzosen gefallen. *Meine Politik ist es, die Menschen so zu regieren, wie die meisten von ihnen regiert sein wollen. Auf diese Weise, glaube ich, erkennt man die Souveränität des Volkes an.* Er wäre genauso bereit, in der Vendée katholisch zu werden wie in Ägypten mohammedanisch. Was kann er tun, um den Franzosen zu gefallen? Den Ruhm, so glaubt er, begehren sie mehr als die Freiheit. Man muß nur das Wort Republik erhalten und die äußeren Attribute der Revolution respektieren. Daher läßt er sich *Bürger Konsul* nennen. In den Tuilerien stellt er die Statuen von Brutus und Washington auf neben die von Alexander und Caesar. Talleyrand hilft ihm, einige große Namen des Ancien régime zurückzugewinnen. *Diese Leute,* sagt er, *sind die einzigen, die zu dienen wissen.* Er trifft auch weiterhin mit seinen Kollegen aus der Akademie zusammen, die damals sehr «links» und beinahe «Ideologen» sind. *Ich gehöre zu keinem Kreis. Ich gehöre zum großen Kreis der Franzosen. Keine Faktionen mehr. Ich will und werde sie nicht dulden.* Nach zehn Jahren der Denunziationen, Kämpfe, Unsicherheiten und Ängste war diese Politik die einzige, die Erfolg haben konnte.

Doch was das Land vor allem von dem Ersten Konsul erwartete, war der äußere Friede. Er versprach ihn: *Solange ich lebe, wird Frankreich Frieden haben. Zwei Jahre nach meinem Tod wird es mit der ganzen Welt im Kriege sein.* Aber die Briefe, die er um des Friedens willen an den König von England und den deutschen Kaiser schrieb, waren vergeblich. Keiner der beiden Herrscher antwortete dem «Thronräuber». Österreich weigerte sich, Italien aufzugeben. Pitt erkannte die Annektionen Frankreichs nicht an. Man mußte sich zu einem «letzten Krieg» entschließen. Bonaparte tat es nur widerstrebend. Eine einzige Niederlage könnte ein so junges Regime wie das seine zum Umsturz bringen; ein einziger Sieg eines Moreau oder Desaix könnte einen Rivalen schaffen. Aus innerpolitischen Gründen wollte er also aufrichtig den Frieden. Aber wenn man ihm diesen Frieden verweigerte, mußte er ihn erzwingen.

Im Frühjahr 1800 nahm Österreich die Feindseligkeiten wieder auf. Masséna wurde in Genua belagert. Bonaparte fand diese Strategie des Feindes äußerst töricht. Selbst wenn die Österreicher Genua

Überquerung des großen St. Bernhard-Passes am 14. Mai 1800

einnähmen, wohin würde sie das führen? In den Süden Frankreichs? Das ist nicht das Herz des Landes. Er versammelte eine Armee in der Gegend von Dijon. Nach der Verfassung hatte er nicht das Recht, sie selber zu befehligen. Er umging diese Schwierigkeit, indem er Berthier den nominellen Oberbefehl gab. Cambacérès betraute er mit der Regierung. Dann überquerte er den großen St. Bernhard-Paß. Ein schönes Propaganda-Thema: *Wir kämpfen gegen Eis, Schnee, Stürme, Lawinen ... Wir fallen hier ein wie der Blitz ...* Dann marschierte er, anstatt nach Genua zu gehen, auf Mailand. Dort machte er den Fehler, seine Armee in drei Korps zu teilen. Seine Linien wurden von dem alten Österreicher Melas gesprengt, der ihn beinahe bei Marengo besiegt hätte. Am Mittag schien die Schlacht verloren; Desaix' Eintreffen rettet sie; Desaix' Tod überließ die Ehre des Sieges dem Ersten Konsul. Er war wirklich unter einem guten Stern geboren. Durch Melas' Rückzug fiel die Lombardei in seine Hände. Getreu seiner Versöhnungspolitik, hörte er im Mailänder Dom ein Te Deum.

In Paris hatte man während seiner Abwesenheit neue Intrigen gesponnen. Unzufriedene «Brumairiens» wiegelten Sieyès auf. Barras verschwor sich mit den Royalisten. Manche meinten, wenn Bonaparte in Italien getötet würde, müßte man Carnot oder Berna-

Das Attentat in der Rue Saint-Nicaise am 24. Dezember 1800

dotte berufen. Doch die Nachricht von Marengo verscheuchte diese Unglücksraben. Sie flüchteten vorsichtshalber zu Joséphine, die man «Notre-Dame des Victoires» taufte. Die französische Staatsschuld stieg erheblich. Die Rückkehr nach Paris war ein einziger Triumph. «Der liebe Gott hat ihn uns erhalten», riefen die Vorstadtfrauen. Moreaus Sieg bei Hohenlinden erregte, obgleich viel entscheidender, nicht halb soviel Aufsehen. Das Glück hat seine Lieblinge. Hyde de Neuville sagte, Marengo war «die Taufe von Bonapartes persönlicher Macht». Aber den Sieger beschlich ein Gefühl der Ernüchterung. Einige Wochen der Abwesenheit und des Zweifels hatten genügt, damit er von seinen Ministern, seinen Konsuln, sogar von seinen Brüdern verraten wurde. Seine schon so ausgeprägte Menschenverachtung wurde noch größer. *Im Herzen bin ich ein alter Mann*, sagte er. Er war einunddreißig Jahre alt.

Und dennoch waren diese ersten Jahre des Konsulats wie auch die ersten Regierungsjahre Heinrichs IV. eines der goldenen Zeitalter für Frankreich. Das ganze Land erlebte eine Wiedergeburt der Einheit und des Wohlstandes. Bonaparte war in den Augen aller der von der Vorsehung geschickte Mann. Natürlich verstand er es, die nationale Aussöhnung für sich zu nutzen. Wer anders hätte zu den Königsmördern sagen können: *Ihr werdet eure Köpfe und eure Posten behalten, aber ihr werdet euren Haß vergessen; ihr werdet den Katholiken erlauben, ihre Religion in Frieden auszuüben;* und zu den damals Vertriebenen: *Ihr sollt zurückkehren; die Liste der Emigranten wird zerrissen; ihr sollt eure Priester haben, aber eure Rache begraben.* Die Grundsätze der Revolution zu erhalten und gleichzeitig an die Vergangenheit anzuknüpfen, war eine übermenschliche Aufgabe – würdig eines Übermenschen. Und Bonaparte war ein Übermensch, erhaben über Leidenschaften, die er nicht teilte.

Das Te Deum in Mailand war ein wohlüberlegter politischer Akt: um den Bourbonen die Katholiken abzugewinnen. Außerdem gefiel ihm das katholische Zeremoniell. Es erinnerte ihn an die Glocken seiner Kindheit. War er gläubig? Nein, er war ein Deist im Voltaireschen Sinne. *Wie sollen wir gute Sitten schaffen? Es gibt nur einen Weg: die Religion neu zu festigen. Wie sollen wir Ordnung schaffen in einem Staat ohne Religion? Keine Gesellschaft kann bestehen ohne ungleich verteilte Reichtümer, und ungleich verteilte Reichtümer können nicht ohne Religion bestehen ... Es muß auf dieser Welt Arme und Reiche geben, aber später, während der Ewigkeit, wird die Einteilung eine andere sein.* Eine politische Religion. Sein entferntes Ziel ist es, ein Konkordat mit dem Papst zu unterzeichnen und die Kirche in Frankreich wieder zu festigen. Aber er muß dieser Idee Zeit lassen; sie mißfällt den alten Revolutionären seiner Umgebung und vor allem der Armee. Auch hier gilt es, «nur für den Tag zu leben».

Ludwig XVIII. faßte angesichts solcher Mäßigung neuen Mut und hoffte, daß Bonaparte die Restauration der Monarchie vorbereiten würde. Aber das war eine Illusion. Auf ein versöhnliches Schreiben des Thronprätendenten antwortete der Konsul: *Sie dürfen nicht wünschen, nach Frankreich zurückzukehren. Sie müßten über hunderttausend Leichen gehen.* Die enttäuschten Royalisten beschlossen, Bonaparte zu ermorden. Die «Chouannerie» hatte sie an den Terror gewöhnt. Pistolenschüsse und Höllenmaschinen wechselten einander ab. Besessen von seinem Wunsch nach Versöhnung, den Joséphine noch nährte mit ihrem Hang zu den Herzoginnen, wollte Bonaparte zunächst nicht an die heimtückischen Pläne der Royalisten glauben. Er beschuldigte die ehemaligen Robespierre-Anhänger und ließ von ihnen einhundertfünfzig deportieren. Dann erst entdeckte Fouché die wirklich Schuldigen: die Chouans. Dennoch kehrten die deportierten

Republikaner nie zurück. «Napoleon», sagte Stendhal, «hatte Angst vor den Jakobinern; sie sind die einzigen Wesen, die er je gehaßt hat.»

In seiner Umgebung waren viele über diese wiederholten Attentate beunruhigt. Sie sagten: «Der Grund hierfür liegt auf der Hand. Der Staat wird von einem Mann verkörpert, und die Gegner des Regimes glauben, sie brauchen nur ihn umzubringen, um das ganze Regime zu vernichten. Man muß einen Nachfolger bestimmen.» Bonaparte mochte diesen Gedanken nicht. *Es dreht sich hierbei nur um meinen Tod.* Wer sollte der Nachfolger sein? Er hatte keinen Sohn. Die Ehe mit Joséphine blieb kinderlos. Seine Brüder? Joseph war verschlagen, Lucien ungestüm, Louis schwach, und warum überhaupt einen Bonaparte? Konnten sie sich denn auf *einen königlichen Vater* berufen? Das war höchst lächerlich. Sollte er Eugène de Beauharnais adoptieren, den er wie einen Sohn liebte? Oder seinen Bruder Louis zu seinem Erben bestimmen, den er mit Hortense de Beauharnais verheiratet hatte (gegen den Willen des Paares)? Diese für Joséphine willkommene Lösung wäre ohne Wert für die Nation. Er zog es darum vor, seinem Stern und der Ungeschicklichkeit seiner Attentäter zu vertrauen.

Die wirkliche Gefahr für ihn wäre eine Niederlage oder eine Verschwörung der Generale. Ein Soldat, der allzu erfolgreich ist, hat von seinen Kameraden mehr zu befürchten als ein ziviles Regierungsoberhaupt. Schließlich sagt sich jeder siegreiche General: «Warum nicht ich?» Darum ist der Erste Konsul stets bestrebt, in seinen Generalen den Eindruck zu erwecken, daß er sie in einem einzigen Augenblick vernichten kann. Er behandelt sie schroff, mitunter sogar roh. General Dumas, der bei ihm in Ungnade gefallen ist, stirbt an Kummer. Auf der anderen Seite sichert sich Bonaparte die Liebe des einfachen Soldaten. Er besucht ihre Feldlager, er kneift die Tapferen am Ohr, er trägt einen schlichten grauen Rock und einen kleinen schwarzen Hut. Die Zuneigung seiner Soldaten sollte ihn lange Zeit gegen den Verrat der Generale schützen.

Aber um seine Macht zu sichern, braucht er vor allem Frieden. Bei Marengo hat er die Gefahren des Schlachtfeldes durchlebt. 1801 unterzeichnet er mit Österreich den Frieden von Lunéville, dessen Bedingungen für Frankreich mehr als günstig sind: es behält Belgien, das linke Rheinufer und wird außerdem noch von einem Glacis befreundeter Republiken abgeschirmt: bewohnt von Niederländern,

Bonaparte als Erster Konsul.
Gemälde von Jean-Antoine Baron Gros

57

De bonnes Lois civiles sont le plus grand bi[en]
que les Hommes puissent donner et receво[ir]
Discours préliminaire du projet du Code C[ivil]

CODE CIVIL

DES FRANÇAIS

MIS EN VERS,

Avec le texte en regard.

LIVRE PREMIER.

Par J.-H. FLACON-ROCHELLE.

A PARIS,

De l'Imprimerie de S. A. I. le Prince JOSEP[H]

AN 2.ᵉ DE L'EMPIRE.

Titelseite des «Code civil»

Helvetiern, Cisalpinern und Ligurern. Am Rhein werden vier neue Départements errichtet. Nur England muß diesen Vertrag noch akzeptieren. Zu den belgischen Delegierten sagt der Erste Konsul: *Die Belgier sind Franzosen wie die Normannen, die Elsässer, die Bewohner der Languedoc, die Burgunder.* Pitt teilt diese Ansicht nicht, um so weniger, als Bonaparte auch Ägypten und Malta behalten möchte. Außerdem hat der Erste Konsul soeben von Spanien in Amerika Louisiana erworben, wobei sich für die Engländer erneut das Problem der französischen Kolonien stellt. Er droht, Europas Häfen für den britischen Handel zu sperren. Bonapartes Bündnis mit Zar Paul I. scheint den Erfolg dieser gewaltigen Vorhaben zu garantieren. «Was kümmert es mich», sagt der Zar, «ob Ludwig XVIII., Bonaparte oder ein anderer König von Frankreich ist. Wichtig ist nur, daß es überhaupt einen gibt», und er stellt in seinem Palast die Büste des Ersten Konsuls auf. Er verspricht sogar, Dänemark, Schweden und Preußen in einer Liga der «blockfreien Mächte» zusammenzufassen, um die Freiheit der Meere zu verteidigen.

Am 23. März 1801 ereignet sich das Unerwartete: Paul I. wird ermordet. Bonaparte sieht in diesem Verbrechen eine Intrige der Engländer. Er selbst war am 24. Dezember 1800 um wenige Sekunden der Explosion eines Munitionskarrens in der Rue Saint-Nicaise entgangen. *Die Engländer haben mich am 3. Nivôse in Paris verfehlt,* sagt er, *sie haben mich nicht verfehlt in St. Petersburg.* Sie hatten ihn auch in Ägypten nicht verfehlt, wo die französischen Truppen zur

Kapitulation gezwungen wurden. Dennoch hatten die beiden Länder jetzt ein Interesse daran, zu verhandeln. Die englischen Kaufleute waren doppelt beunruhigt: einmal über die Kosten des Krieges, zum zweiten über die französische Expedition, die nach Santo Domingo unterwegs war. Und Bonaparte war es seinerseits nicht entgangen, daß Nelson in Kopenhagen an einem einzigen Tag die Liga der Neutralen hatte sprengen können. Die Herrschaft über die Meere war noch immer ihr Trumpf. Man entschloß sich zu einem Kompromiß. Es war der Vertrag von Amiens (1802). Ägypten sollte an die Türkei, Malta an die Ordensritter zurückgegeben werden. Seine europäischen Eroberungen sollte Frankreich behalten. Aber beide Regierungen verhandelten mit einem Hintergedanken. Die Engländer versprachen, Malta zu räumen, aber hatten keinerlei Absicht, es auch zu tun. Das Parlament in London billigte den Vertrag und rechnete dabei «auf die Wachsamkeit S. M. des Königs, die notwendigen Maßnahmen zu ergreifen, sobald die Staatsangelegenheiten eine Wendung zum Besseren nähmen». Bonaparte wiederum wußte seinerseits, daß England sich niemals fügen würde und daß er bis an sein Lebensende Belgien und den Rhein zu verteidigen hätte.

Im Augenblick jedoch genoß er in vollen Zügen seinen Triumph. Weder Richelieu noch Ludwig XIV. hatten Frankreich so groß gemacht, oder es nach außen hin so gut geschützt. Das französische Volk glaubte, daß die Zeit der Kriege nun vorüber wäre, eine Ära des ewigen Friedens und der Handelsfreiheit anbräche und daß Bo-

Vorderseite und Rückseite der Medaille
der «Légion d'honneur», 1804 geprägt

Karikatur von Gillray auf Bonapartes Plan, in England zu landen, 1803

naparte ein Halbgott wäre. Jetzt fühlte sich der Erste Konsul stark
genug, um Frankreich den Religionsfrieden aufzuerlegen. Am 8. April
1802 wurde das schon im Januar 1801 unterzeichnete Konkordat
ratifiziert und am 18. April – zu Ostern – ein feierliches Te Deum in
Notre-Dame gesungen, um die Restauration von Frieden und Fröm-
migkeit zu feiern. Vor der Kathedrale, deren Glocken weithin erklangen, wurde der Erste Konsul vom Erzbischof und dreißig Bischöfen
empfangen. Er trug einen roten Rock, der die «schweflige» Blässe
seines schönen Gesichtes noch unterstrich. Er fuhr in einer Karosse
mit livrierten Lakaien vor. Viele seiner Offiziere mißbilligten diesen
«Kapuzinerstreich». Als General Delmas am Abend über seine Ein-
drücke befragt wurde, antwortete er: «Es fehlten nur die 100 000
Männer, die sich haben töten lassen, um all das abzuschaffen.» Aber
auf den Straßen sang das Volk: «Am Sonntag werden wir feiern:
Halleluja!»

Nach Marengo hatte der Senat das Mandat des Ersten Konsuls um
zehn Jahre verlängert. Doch er träumte von der Krone, was immer er
auch sagen mochte. Wie seinerzeit Caesar, liebte er es nur nicht,
wenn man zu ihm darüber sprach. La Fayette ärgerte ihn mit An-
spielungen auf die Möglichkeit, ihn vom Papst mit dem Heiligen Öl

aus der Phiole von Reims gesalbt zu sehen. «Geben Sie es zu», sagte La Fayette nach dem Te Deum, «all das läuft nur darauf hinaus, die kleine Phiole zu zerbrechen?» *Sie geben genau wie ich keinen Heller für die kleine Phiole*, sagte Bonaparte. *Aber glauben Sie mir, es ist draußen wie drinnen wichtig für uns, daß sich der Papst und alle diese Leute gegen die Legitimität der Bourbonen erklären.* Also reizte ihn die «Phiole» durchaus. Aber das Murren, das durch die republikanische Armee ging, ließ ihn zögern. Er beschloß, nicht das Erbrecht, sondern das Konsulat auf Lebenszeit zu erlangen. Eine überwältigende Mehrheit (3,5 Millionen Ja-Stimmen gegen 8000 Nein-Stimmen) billigte es ihm zu.

Selbstsicherer nach diesem Plebiszit, änderte er die Verfassung: Von «einem servilen Senat» (Stendhal) ließ er sich das Recht verleihen, seine Nachfolger selbst zu wählen, und erweiterte seine Privilegien auf Kosten der Versammlungen. Eingeschüchtert durch seine Grenadiere und fasziniert von seinem Genie, fügte man sich in das Unvermeidliche. Niemals war Frankreich von einem Mann regiert worden, der soviel schöpferische Phantasie besaß. *Mit meinen Präfekten, meinen Gendarmen und meinen Priestern werde ich alles erreichen, was ich will*, sagte er. Und das stimmte beinahe. In Finanzfragen zog er so bedeutende Experten wie Gaudin und Mollien zu Rate, die sein Wissen auf diesem Gebiet vervollständigten und erstaunt waren, wie schnell er die Dinge erfaßte. Er schuf das Korps der Finanzbeamten, so wie es heute noch besteht, machte aus der Bank von Frankreich eine glückliche Verbindung von Staats- und Privatbank, reorganisierte die Justiz und überwachte die Abfassung des Code civil. Während der Diskussion über die verschiedenen Paragraphen überraschte er die aus bedeutenden Juristen bestehende Kommission durch seinen praktischen Verstand und seinen Weitblick. Noch heute trägt der Code Napoléon, den zahlreiche Länder übernehmen sollten, den Stempel dieses klaren, mathematischen Geistes. Zur gleichen Zeit legte er auch die Grundsteine für eine neue Universität. In allen Gymnasien Frankreichs verkündete ein Trommelwirbel den Wiederbeginn der Schule. Noch 1900 – in den Gymnasien der Dritten Republik – übte man diesen Brauch.

1802 schuf er den nationalen Orden der Ehrenlegion, der ein ähnliches Instrument für ihn war wie die Ritterorden für die Könige Frankreichs. Sein Ziel: eine Aristokratie zu bilden, die sich durch Leistung, Verdienst und glänzende Taten ständig erneuert. Diesmal opponierten die Versammlungen. «Spielzeug», sagten die Gesetzgeber. Aber man braucht Spielzeug, um Menschen zu führen. Es schien Bonaparte wichtig, den Ehrgeiz der Bürger auf kleine Dinge zu lenken, um sie von großen Revolten abzuhalten. In den Tuilerien und in Malmaison ersetzten Degen und Seidenstrümpfe Stiefel und Säbel. Joséphine erhielt ihre Ehrendamen von echtem Adel und Bonaparte weitere Titel und Auszeichnungen. Er wurde Präsident der Cisalpinischen Republik, Schirmherr der Schweiz und des Deutschen Bundes. In Frankreich erblühte von neuem die «Süße des Lebens». Die Gesellschaft des Konsulats schien gesund und munter, fest etabliert und voller Elan. Das «Génie du Christianisme» brachte ein Wiedererwachen der Gefühle. Man aß besser, man liebte viel. In ihren Berichten über die Provinz schätzten die Präfekten die Zahl der Unzufriedenen auf ein Prozent. Das Motto des Ersten Konuls: *Weder rote Absätze noch rote Mützen* schien den Wünschen des französischen Volkes zu entsprechen.

Aber selbst die größten Tatmenschen müssen Rückschläge einstecken, weil die Tatsachen oft voller Heimtücke sind. Die Expedition, die unter dem Befehl von General Leclerc, dem Gatten Pauline Bonapartes, nach Santo Domingo geschickt worden war, um später vielleicht sogar Louisiana zu kolonisieren, wurde zum größten Teil vom Gelbfieber dahingerafft. Auch Leclerc starb, und sein Nachfolger Rochambeau mußte kapitulieren. Talleyrand verkaufte sodann Louisiana für 15 Millionen Dollar an die Vereinigten Staaten. Das war der endgültige Verzicht auf die Herrschaft in Amerika. Außerdem zog ein neuer Krieg mit England herauf, der es unmöglich gemacht hätte, diese ferne Kolonie gegen die britische Flotte zu verteidigen. Die Engländer hatten zwar den Vertrag von Amiens unterzeichnet; ihre Kaufleute wollten den Frieden; die englischen Aristokraten waren glücklich, wieder nach Paris zu fahren und auf den Champs-Élysées halbnackte Göttinnen zu finden und keine blutigen Schafotts. Aber die Regierungen beider Länder beschuldigten sich gegenseitig der Unaufrichtigkeit.

Bonaparte warf den Engländern vor, einen Anschlag auf sein Leben zu schmieden und Malta nicht zu räumen. Die Engländer warfen Bonaparte vor, er annektiere das Wallis, um sich den Übergang über den Simplon zu sichern, er revidiere die Karte von Deutschland zu seinem Vorteil und schicke eine höchst verdächtige «Handels»-Mission in den Orient. Wenn Bonaparte nicht bereit war, seine indischen Eroberungspläne aufzugeben, wie durfte er dann von England erwarten, daß es auf Malta verzichtete? Ohne sein Gesicht zu verlieren, konnte Napoleon das jedoch nicht zugeben. Er drohte, England auf seiner Insel zu zerstören. *Die Engländer wollen den Krieg,* sagte er, *aber wenn sie die ersten sind, die das Schwert ziehen, werde ich der letzte sein, der es wieder in die Scheide steckt.* Von diesem Augenblick an bereitete Bonaparte die Invasion Englands vor. Er zog in Boulogne eine große Armee zusammen und baute eine Flotte von

Barken für den Truppentransport. War nicht gerade das Unmögliche seine eigentliche Domäne? Die Inselbewohner blieben kaltblütig. Die englischen «Nurses» drohten ihren Kindern mit «Mr. Boneypartee»; die Karikaturisten zeigten den Kopf des Tyrannen auf einer Mistgabel: «Ha, mein kleiner Boney, was denkst du jetzt über John Bull?» (Maximilien Vox) Die englische Flotte war überall und kaperte Schiffe und Frachter. «Ich sage nicht», brummte der Erste Lord der Admiralität, «daß die Franzosen nicht kommen können; ich sage nur, daß sie nicht übers Wasser kommen können.»

Es war ein merkwürdiger Krieg, ohne Operationen, aber nicht ohne Verbrechen. Die Engländer brauchten nicht lange nach Mördern zu suchen. Chouans, Republikaner, Militärs, alle Feinde Bonapartes boten ihre Dienste an. Die verwegensten unter den Royalisten, Georges Cadoudal und General Pichegru, wurden auf einem englischen Schiff nach Frankreich gebracht. Selbst Moreau, der Sieger von Hohenlinden, konspirierte. «Die Luft war voller Dolche.» Talleyrand und Fouché erzählten Bonaparte, um zu handeln, würde Georg III. nur die Ankunft eines Prinzen aus dem Hause Bourbon in Frank-

Erschießung des Herzogs von Enghien

Feuerwerk bei der Kaiserkrönung. Dargestellt ist die
Überquerung des großen St. Bernhard-Passes

reich abwarten, denn er wollte keinen Moreau an die Macht bringen.
Die Ankunft welches Prinzen? Einer lebte nahe der Grenze, im Großherzogtum Baden: der Herzog von Enghien, ein Condé, mutig, jung
und charmant. Hier nun beging Bonaparte die unrühmlichste Tat seines Lebens. Er beschloß, dem Attentat zuvorzukommen und den
Herzog von Enghien ergreifen und erschießen zu lassen.

Das Grab wurde bei Vincennes geschaufelt, bevor irgendein Prozeß stattgefunden hatte. Dieses politische Verbrechen empörte viele
Franzosen. Chateaubriand, der damals Diplomat war, reichte seinen
Rücktritt ein. Der Erste Konsul rechtfertigte sich, indem er sich auf
die uralte «raison d'état» berief. Er versprach sich von dieser Handlungsweise zweierlei: zum einen die Royalisten zu erschrecken, die

ihn umbringen wollten; zum anderen die Königsmörder zu überzeugen, daß das Kaiserreich sich nicht gegen sie richten würde, weil Bonaparte durch dieses Verbrechen einer der ihren geworden war und sich dem Konvent angeschlossen hatte. Nachdem der Senat jenes blutige Pfand erhalten hatte, bot er ihm wenige Tage später die Kaiserkrone an. Pichegru beging im Gefängnis Selbstmord. Cadoudal wurde hingerichtet. «Ich kam, um einen König zu machen», sagte er, «und ich habe einen Kaiser gemacht.» Wie sagte ein Botschafter über Bonaparte? «Dieser Bursche versteht es, aus allem seinen Vorteil zu ziehen.»

Eine Königsmonarchie hätte die Franzosen schockiert; das Kaiserreich hingegen schien den von römischer Geschichte berauschten Bürgern als die natürliche Fortsetzung des Konsulats. Erstaunlich war nur, wieviel Wert Napoleon darauf legte, vom Papst in Notre-Dame gesalbt zu werden. Man diskutierte diesen Akt im Staatsrat. Einige schlugen als Ort der Handlung das Champ-de-Mars vor, aber «das bedeutete, sich vom Wetter abhängig zu machen». Wenn es regnete,

Napoleon krönt sich zum Kaiser. Gemälde von Louis David

würde die Zeremonie lächerlich wirken. Und dann das *Geschrei des Pöbels... Die Pariser haben es schon viel besser in der Oper gesehen.* Was den Papst betraf, so brauchte man nur *an das Mißvergnügen* zu denken, *das unsere Feinde dabei befallen wird.* Um die Schwäche eines Regimes ohne Tradition besorgt, «warf» Bonaparte «Rettungsanker aus», um wieder festen Grund zu finden. Sogleich nach seiner Ankunft wurde Pius VII. eine schockierende Nachricht zuteil: Joséphine, die zur Kaiserin gekrönt werden sollte, ließ ihn mit diplomatischer Geschicklichkeit wissen, daß sie nicht kirchlich verheiratet war. Sie erreichte es, daß ihre Ehe eilends in der Nacht vor der Weihe im Louvre den kirchlichen Segen erhielt.

Am 2. Dezember 1804 wurde Napoleon I. Kaiser der Franzosen. Seine ganze Familie war in Notre-Dame anwesend. Joseph hatte vorsichtigerweise unter den Staatsräten Platz genommen. Er fürchtete ein Attentat und wollte als möglicher Nachfolger auf jeden Fall überleben. Napoleon flüsterte ihm zu: *Ach, wenn unser Vater uns jetzt sehen könnte!* Auch in dieser Stunde behielt er seinen Sinn für Humor und durchmaß in Gedanken den Weg, den die unbekannte korsische Familie in zehn Jahren zurückgelegt hatte.

Seit einem Jahrtausend hatte keiner dem Papst das Recht strittig gemacht, die Krone auf das Haupt der Kaiser zu setzen. Napoleon brach mit dieser Tradition, indem er mit würdevoller Geste selber die Krone vom Altar nahm. Nach der Zeremonie protestierte der Papst und verlangte, daß dieser Zwischenfall nicht im «Moniteur» erwähnt würde. Man gewährte ihm diese Genugtuung, aber der Kaiser hatte seine Suprematie bestätigt. Er hatte in Notre-Dame auf der Bibel geschworen, Freiheit und Gleichheit zu verteidigen, den Besitz derer zu erhalten, die Staatseigentum erworben hatten, und die territoriale Integrität zu schützen, ein Schwur, der es ihm untersagte, im Falle Belgiens und der Rheinprovinzen nachzugeben. In dieser Stunde wurde die Zukunft mit feurigen Lettern auf die Mauern der Kathedrale geschrieben.

KAISER
NAPOLEON I.

«Rettungsanker auf den Grund des Meeres werfen...» Dieses Meer war die Geschichte des französischen Volkes, und seine Tiefen wollte Napoleon ausloten. Deshalb hatte er einen Hof, ein Zeremoniell, einen Adel. Seit 1804 ernannte er Männer zu Marschällen des Kaiserreiches. Später schuf er einen kaiserlichen Adel. Er machte Berthier zum Fürsten von Neuchâtel, Talleyrand zum Fürsten von Bénévent; Fouché zum Herzog von Otrante, Davout zum Herzog von Auerstedt und Eckmühl; Lannes zum Herzog von Montebello; Lebrun zum Herzog von Plaisance usw. In acht Jahren ernannte er 4 Fürsten, 30 Herzöge, 388 Grafen und 1090 Barone. Joséphine und die Schwestern des Kaisers – auch sie Prinzessinnen – hatten Hofdamen und Kammerzofen. Ségur unterrichtete die Herren in den alten Hofsitten, Madame Campan die Damen. So gut es ging, verknüpfte Napoleon die gekrönte Revolution mit den Fäden der Tradition.

Man muß den außerordentlichen Erfolg dieser Improvisationen bewundern. Der Adel des Kaiserreiches überlebte den Kaiser. Die Ehrenlegion hat bis heute ihr Prestige bewahrt. Napoleon schuf den Stil des Empire, der genauso stark von seinem Geist geprägt ist, wie der Stil Louis Quatorze den Stempel des großen Königs trägt. Aber eigentlich verdient er noch höheren Ruhm, weil er nie ganz an diese Märchenwelt geglaubt hat. In seinem Innern blieb er immer ein wenig «korsischer Sekondeleutnant, Jakobiner und Machiavelli». Er sagte revolutionäre Sätze: *Ein Thron ist nur ein mit Samt garniertes Brett.* Und wenn er seine Marschälle zwang, im Rock und kurzen Kniehosen bei Hof zu erscheinen, so tat er es nur, weil er sich im eigenen Lande vor einer Armee fürchtete, die roh und ohne Manieren war. Dennoch glaubte er letztlich nur an die Gewalt. *Man regiert nur mit Stiefel und Sporen,* und daher trug er selbst in seinen Palästen Uniform. Kurze Kniehosen und Seidenstrümpfe verfeinern die Sitten. Das höfische Kleid macht den Höfling.

Die Frauen, die so viele Monarchen ins Verderben gestürzt haben, gewinnen keine Macht über ihn, obwohl es darunter einige sehr schöne gibt, wie Mademoiselle Georges. Ein Wink von ihm genügt, um sie in sein Bett zu ziehen. Aber während sie sich entkleiden, macht er seine Notizen über die Generalstände; und sobald er sie besessen hat – manchmal sogar schon vorher –, schickt er sie wieder fort. Sein eigentliches Vergnügen ist seine Arbeit. Ihr widmet er sich bis zu zwanzig Stunden am Tag, ohne jemals Ermüdung zu zeigen.

Empire-Möbel in Malmaison

Im Staatsrat, an dem langen hufeisenförmigen Tisch, war er glücklich, umgeben von hohen Beamten, die er zu nehmen und mitzureißen verstand. Er «preßte die Zitrone aus» und gewann jedem seiner Ratgeber das ab, was er wissen wollte. Er besaß einen raschen, umfassenden Verstand, ausgeprägten intellektuellen Scharfsinn und machte sich keine Illusionen über seine Mitmenschen, aber er hatte zwei Schwächen: «Er hatte nie einen Plan», sagt Stendhal, und das stimmt: Napoleon hatte P l ä n e, die beständig wechselten. Die zweite Schwäche war eine allzu lebhafte Phantasie. Es fehlte ihm dabei jeder Sinn für das Maß. Wann immer er Pläne für die ferne Zukunft macht, läßt er sich fortreißen. Aber hätte er sich selber Schranken setzen können? *Man kann den Dingen einen ersten Anstoß geben*, sagte er, *doch dann tragen sie dich davon.* Er triumphiert im Nächstliegenden: auf dem Schlachtfeld, in seinem Arbeitszimmer und vor allem im Staatsrat. Hier schnupft er Tabak und schwelgt im Improvisieren. Er weiß, daß er leicht und sehr gut spricht; er weiß, daß all diese bedeutenden Männer ihn bewundern. Hier ist er gelöst, ungezwungen, direkt. Seine Bemerkungen treffen immer den Kern. *Die Gesell-*

schaft braucht eine strenge Justiz; darin liegt die Humanität des Staates, alles andere ist die Humanität der Opernbühne ... Wir wollen gute Bauern haben; *auf ihnen beruht die Kraft der Armee; und nicht Perückenmachergesellen, die gewohnt sind, in den Straßen der Städte herumzuschleichen* ... Hier erlaubt er auch, daß man ihm widerspricht. Als ein Staatsrat über den Corps législatif bemerkt: «Die Vertreter der Nation sind die Männer, die sie gewählt hat, ihre Abgeordneten», unterbricht ihn der Kaiser: *Bah! Das sind Ideen von 1789.* «Nein, Majestät, diese Ideen sind zeitlos.» – «Was an ihm bezauberte», schreibt Stendhal, «war seine Offenheit, seine Gutmütigkeit. So sagte er eines Tages über eine Meinungsverschiedenheit, die er mit dem Papst hatte: ‹Sie haben es leicht. Aber wenn der Papst zu mir käme und sagte: ‚Der Engel Gabriel ist mir diese Nacht erschienen und hat mir diese oder jene Sache befohlen‘, wäre ich gezwungen, es zu glauben.›»

In seinem Studierzimmer gilt seine besondere Liebe den Arbeitsutensilien, die er selber geschaffen hat: dem von ihm entworfenen Schreibtisch, seinen Lageberichten, die er «mit dem gleichen Vergnügen liest wie ein junges Mädchen einen guten Roman», und seinen Landkarten. Er hatte eine erstaunliche Gabe, sich zu informieren, und ein unerhörtes Gedächtnis. Seine perfekt geschulten Sekretäre waren für ihn bloße Werkzeuge. Er verlangte von ihnen, daß sie kein Wort sprachen, sein Diktat wie im Fluge aufnahmen und alsdann seinen Gedankengang rekonstruierten. Denn er schrieb nicht gern selbst. Erstens hatte er eine fast unleserliche Handschrift; und zweitens machte er noch genauso viele orthographische Fehler wie seinerzeit als unbekannter kleiner Korse in Brienne. Er sagte *armistice,* wenn er *amnistie* meinte, *rentes voyagères* statt *rentes viagères, enfanterie* statt *infanterie.* Aber sobald er diktiert, ist er unfehlbar, was den klaren und direkten Ausdruck wie auch die Kenntnis des Themas betrifft. In einem Atemzug kann er eine mehrseitige Verordnung für die Erziehungsanstalten der Ehrenlegion aufsetzen, aus dem einfachen Grunde, weil er lange darüber nachgedacht hat. Manchmal diktiert er drei Briefe gleichzeitig. Sein Geist arbeitet Tag und Nacht, angefüllt mit all den Antworten auf seine endlosen Fragen. *Wie viele Männer? Wie viele Granaten pro Geschütz? Wie viele Säcke Korn?*, und selbst am Abend in Gesellschaft der Kaiserin und ihrer Damen: *Wie viele Kinder?* und er behielt das alles.

Er hatte in fast naiver Weise geglaubt, daß er mit der Krönung in Notre-Dame in die Bruderschaft der legitimen Souveräne aufgenommen würde. Aber das war ein Trugschluß. Die österreichische Aristokratie war entschlossen, diesen arroganten Parvenu in Uniform zu demütigen. England versuchte, Bündnisse gegen ihn zu schließen (die *Dritte Koalition*, wie Napoleon, von 1792 an zählend, sie nennen sollte). Pitt fiel es nicht schwer, den neuen Zaren Alexander zu überzeugen. Das Heilige Römische Reich stürzt ein, sagte Pitt zu Alexander; das slavische Reich muß sich nunmehr dem korsischen Reich entgegenstellen. Ab 1804 beginnt die Koalition sich abzuzeichnen: England, Österreich, Rußland, Schweden, Neapel. Ihr Ziel: Frankreich in seine alten Grenzen zu verweisen. Man sagt das nicht offen, um das französische Volk nicht aufzurühren. Man spricht lediglich von beunruhigenden Ambitionen des Kaisers. Er aber hat von diesem Augenblick an nur einen Gedanken: England zu vernichten, um nicht selber vernichtet zu werden.

Manche Historiker haben gesagt, daß das Feldlager von Boulogne nur eine Finte war. Aber es fällt schwer, das zu glauben. Napoleon war sich völlig klar, daß John Bull nicht mehr von ihm lassen würde. Der Kaiser hatte 2000 flache Schiffe bauen lassen. Er hielt eine Überfahrt für möglich. *Dieser Graben wird zu überqueren sein, sobald man die Kühnheit hat, es zu versuchen.* Um Erfolg zu haben, brauchte man nur die englische Flotte für drei Tage oder wenigstens für einen Tag aus dem Ärmelkanal herauszulocken. Dann würde er 130 000 Mann übersetzen, und der Pöbel von London würde die Franzosen als Befreier empfangen. Er kannte die Engländer nicht; er kannte auch nicht das Meer und seine Launen. Einige Überfahrten von Marseille nach Ajaccio und eine Reise nach Ägypten hatten aus ihm keinen Seemann gemacht. Seine Admirale zeigten sich kühl und zurückhaltend. Der Kaiser war verärgert. Er sagte zu dem Marineminister Decrès: *Sie haben nichts anderes als Wenns, Denns und Abers vorgebracht ... Ich bin sprachlos vor Empörung.*

Aber die französischen Flotten blieben in Toulon und Brest blokkiert. Villeneuve, der eine französisch-spanische Flotte kommandierte, hatte von Napoleon den Befehl erhalten, die Engländer zu den Antillen zu locken und dann mit vollen Segeln zurückzukehren. Aber Villeneuve, der die anderen französischen Admirale an der verabredeten Stelle nicht fand, hatte sich in den Hafen von Cadix geflüchtet. Er wollte nicht die einzige große Flotte riskieren, die Frankreich noch besaß. *Was für eine Marine!* schimpfte der Kaiser und sprach nur noch von dem *ehrlosen Villeneuve.* Aber die Revolution hatte ihm nur wenige Schiffe und mittelmäßige Matrosen vermacht. Um das «gigantische England-Projekt» zu tarnen, eilte er nach Italien, wo er die eiserne Krone der lombardischen Könige empfing. Eugène de Beauharnais wurde Vizekönig, nachdem Joseph und Louis Bonaparte diese Würde abgelehnt hatten. Sie hielten sich lieber für Frankreichs Krone bereit, für die Krone «ihres königlichen Vaters». Unterdessen war die Jahreszeit fortgeschritten, der Monat August ging zu Ende, und die österreichischen Truppen rückten vor. Wenn Napoleon zu lange wartete, könnte sich Rußland mit Österreich vereinigen. Am 23. August schrieb der Kaiser an Talleyrand: *Ich mache das Dringende zuerst. Ich breche unsere Lager ab; ich marschiere auf Wien.* Er verblüffte Daru, indem er ihm seine Pläne für einen kontinentalen Krieg diktierte, über die er wohl lange nachgedacht hatte. Alles war darin vorgesehen bis zu dem Tag, da er in Wien einrücken würde. Ein kurzer und glänzender Feldzug! Die Große Armee (so heißt sie jetzt) kann es nicht fassen, daß sie siegreich ist, ohne zu kämpfen, durch das Genie ihres Generals; «mit ihren Beinen» gewinnt sie die Schlachten. Als der österreichische General Mack bis nach Ulm vorgerückt ist, entdeckt er plötzlich, daß Napoleon zwischen ihm und Wien steht. Er kapituliert kampflos mit 100 000 Mann. Bald sollte die Unbesiegbarkeit der Großen Armee ein Glaubensartikel sein: «Wenn die österreichischen Generale im Zentrum standen und Napoleons Truppen um sie herum, sagte man, die Österreicher wären eingekreist; wenn Napoleon im Zentrum stand und die Österreicher um ihn herum, hieß es, er habe die Österreicher überlistet.»

Zar Alexander I. von Rußland

Aber sein Stern leuchtete nur dort, wo er selber kommandierte. Am Tage nach Ulm erfuhr er, daß der *ehrlose Villeneuve*, verbittert über die Vorwürfe, Cadix verlassen hatte und daß beide Flotten, die französische und die spanische, von Nelson bei Trafalgar vernichtet worden waren. Nelson selbst hatte in dieser Schlacht den Tod gefunden. Der Kaiser nahm das Mißgeschick nicht weiter tragisch: *Stürme*, so diktierte er, *haben uns einige Schiffe verlieren lassen, nachdem sie sich unvorsichtigerweise in einen Kampf eingelassen hatten.* Aber die Sache war sehr viel ernster. England gewann eine noch stärkere Herrschaft über die Meere. Jetzt konnte Napoleon es nur noch in die Knie zwingen, indem er ihm den Kontinent sperrte. Gerne hätte er darüber mit dem Zaren verhandelt. Doch die Russen begingen den Fehler, bei Austerlitz auf einem Gelände anzugreifen, das Napoleon sorgfältig studiert hatte. *Diese Armee gehört mir,* sagte er bereits bei den ersten Bewegungen des Feindes. Er lockte die Russen auf gefrorene Teiche, dann sprengte er mit Kanonenkugeln das Eis. Es war ein glänzender militärischer und moralischer Sieg, den er am 2. Dezember, dem Jahrestag seiner Krönung, errang. Er erließ einen seiner Funken sprühenden Tagesbefehle: *Soldaten, ich bin mit euch zufrieden... Es genügt, wenn ihr sagt: «Ich war bei der Schlacht von Austerlitz», damit man euch antwortet: «Das ist ein tapferer Bursche...»* «Ein emphatischer Stil», sagte Bainville, «ein Sinnspruch für die Standuhr!» Nein, es war der Stil der Zeit, der dem Volk wie den Soldaten gefiel.

Die Kanonen von Austerlitz rissen die Koalition in Stücke. Der Zar trat den Rückzug nach Rußland an. Österreich bat um Frieden. Selbst England fühlte sich getroffen. «Auch ich bin in Austerlitz geschlagen worden», murmelte Pitt, bevor er starb. Der Frieden war hart für Österreich. An Rußland stellt Napoleon keine Forderungen; er will die Freundschaft des Zaren. Österreich entreißt er das Deutsche Reich und Italien. In Deutschland gründet er den Rheinbund, der sechzehn Könige und regierende Fürsten umfaßt und dessen Schutzherr er wird. In Italien verjagt er die Bourbonen aus Neapel und gibt ihr Königreich an seinen Bruder Joseph, einem liebenswürdigen Mann, der nicht gerade zum Regieren geboren ist. Louis Bonaparte, der offizielle Gemahl von Hortense de Beauharnais, wird König von Holland; Élisa Bacciochi Fürstin von Lucques und von Piombino; Pauline Borghese (die sich nach Leclercs Tod wieder verheiratete) Fürstin von Guastalla; Jérôme (dessen Liebesheirat mit der Amerikanerin Miss Patterson der Kaiser für null und nichtig erklären ließ) heiratete die Prinzessin Katharina von Württemberg; Eugène de Beauharnais wird der Schwiegersohn des Königs von Bayern.

Am Vorabend der Schlacht von Austerlitz.
Volkstümliche Darstellung

Warum dieses Delirium von monarchischem Snobismus? Sieht ein so intelligenter Mann wie Napoleon nicht, wie lächerlich es wirkt, wenn dieser korsische Clan die Throne Europas erstürmt? Napoleon ist nicht blind; er erkennt die Unzulänglichkeit von Joseph, von Louis. Aber er bedient sich der Seinen, weil er weiß, wie stark der Clan-Geist ist. Sie, die ohne ihn nichts wären, müßten ihm, so glaubt er, ein Mindestmaß an Treue halten, während die echten Fürsten ihn immer verraten würden. Als er nach vier Monaten, in denen er das Antlitz Europas verändert hat, im Januar nach Paris zurückkehrt, befindet sich die Hauptstadt in einer ernsten Finanzkrise. Schuldscheininhaber bestürmen die Bank von Frankreich, um von ihr Rückzahlung zu fordern. Das Gerücht geht um, Spekulanten wie Ouvrard und andere hätten – des eigenen Profits wegen – die Bank ruiniert, was nicht weit von der Wahrheit entfernt war. Denn der Schatzminister Barbé-Marbois hatte den Maklern Bankgelder geliehen. Lag einer solchen Handlungsweise Pflichtvergessenheit oder aber mangelnde Befähigung zugrunde?

Napoleon greift rücksichtslos durch. Entweder ersetzen ihm die Kaufleute das Geld oder er schickt sie nach Vincennes, und sie wissen genau, was diese Drohung bedeutet. Barbé-Marbois, der eine klägliche Figur macht, bietet seinen Kopf: *Was erwartest du, daß ich damit tun soll, du Scheißkerl?* sagt der Kaiser. Er bekommt seine Millionen zurück und behält zeitlebens einen Horror vor allen Geschäf-

temachern. Als Sohn einer Mutter, für die ein Vermögen Ländereien, Maulbeerbäume und Ziegen bedeutete, liebte er weder Kredite noch Kapitalisten. Zu Joseph bemerkte er: *Ich bin mit meinen Geschäften hier sehr zufrieden; es hat mich viel Mühe gekostet, sie zu ordnen und ein Dutzend Spitzbuben, allen voran Ouvrard, zu zwingen, das wieder auszuspucken, was sie verschlungen hatten ... Ich war wohl entschlossen, sie ohne Prozeß erschießen zu lassen. Gott sei Dank habe ich das Geld zurückbekommen; die ganze Sache hat mich in schlechte Laune versetzt. Ich sage Euch das, um Euch zu zeigen, wie nichtswürdig die Menschen sind.* Als Regierungschef muß man ein gerütteltes Maß an Güte haben, um nicht zum Menschenhasser zu werden.

Nach so glänzenden Siegen hoffte er jetzt auf einen dauerhaften Frieden, um so mehr, als Fox die Nachfolge Pitts angetreten hatte. Aber in England steuern die Oppositionsparteien in der Außenpolitik oft den gleichen Kurs. Fox war ein Freund der liberalen Franzosen, besonders von La Fayette, und liebte Napoleon nicht. Im übrigen war es diesmal Preußen, das die Feindseligkeiten wiederaufnahm. Der Vorwand war Hannover, welches Napoleon gleichzeitig den Engländern und dem König von Preußen versprochen hatte. Der wirkliche Grund aber war, daß weder Preußen, Österreicher noch Russen die gewaltsam aufgezwungenen Verträge als verbindlich hingenommen hatten. Nachdem sie ihre Armeen wieder aufgebaut hatten, wollten sie endlich Schluß machen mit dem Abenteurer. Der Preußenkönig Friedrich Wilhelm III. schickte Frankreich ein Ultimatum, das am 8. Oktober ablief. Napoleon an Berthier: *Man hat uns für den 8. Oktober ein Rendezvous der Ehre gegeben. Kein Franzose hat so etwas jemals versäumt.* Es war ein munterer Feldzug, begleitet von Trommelwirbeln. So sehr der Kaiser in Paris vor Intrigen und boshaftem Gerede zu ersticken glaubt, so frei und selbstsicher fühlt er sich zu Pferde inmitten seiner Armee. An die Kaiserin Joséphine schreibt er: *Meine Geschäfte gehen gut. Mit Gottes Hilfe wird das in wenigen Tagen einen ziemlich schrecklichen Ausgang, glaube ich, für den armen König von Preußen nehmen. Er tut mir persönlich leid, weil er ein guter Kerl ist.* 1806 ist sein «annus mirabilis». Sein Blitzkrieg kommt einem neuen Austerlitz gleich. Finte, Flankenangriff und ein Feind, der beim Rückzug seine Verbindungslinien abgeschnitten findet: erst Saalfeld, dann Jena. Die preußische Armee ist vernichtet. Die schöne Königin Luise von Preußen, die diesen Krieg gewünscht hat, ist auf der Flucht. An Joséphine: *Meine Freundin, ich habe hübsche Manöver gegen die Preußen durchgeführt. Gestern habe ich einen großen Sieg errungen. Ich stand dem König von Preußen ganz nahe gegenüber; um ein Haar hätte ich ihn und die Königin gefangengenommen ... Es geht mir großartig.*

Ja, es geht ihm großartig, obgleich er nachts nur vier Stunden schläft. Er nimmt sogar zu. Er empfindet das Glück eines Künstlers, der sich in Hochform fühlt. Schließlich sind die Preußen die Soldaten Friedrichs des Großen, die besten der Welt, und er hat sie besiegt und Roßbach gerächt, die Niederlage in einer Zeit, da die Bonapartes noch nicht einmal Franzosen waren. «Wenn es einen Helden gibt, den er zu verkörpern wünschte, dann ist es dieser Preuße: Sogar in der Kleidung kopiert er die Überspanntheiten des Philosophenkönigs; der kleine Hut, der graue Gehrock sind mehr als nur Reminiszenzen.» (Maximilien Vox) Welcher Triumph für einen Mann, der in seinem Leben Friedrich den Großen nachzuahmen suchte, in Potsdam in seinem Schloß zu schlafen und sein Schwert nach Paris ins Hôtel des Invalides zu schicken! Die Bulletins der Großen Armee spiegeln das Frohlocken des Kaisers wider, das sich in einer ungezwungenen, überlegenen Bonhomie und Milde äußert. So händigt er Madame de Hatzfeld, deren Mann des Doppelspiels überführt ist und erschossen werden soll, den Brief aus, der die Schuld ihres Gatten beweist: *Werfen Sie diesen Brief ins Feuer, Madame!* Hier ahmt er Augustus nach – und Corneille –, mehr als Friedrich den Großen. Komödiant? Tragöde? Vielleicht, aber souverän in beiden Rollen und zugleich ein kritischer Zuschauer seines eigenen Spiels.

Charles James Fox, 1806

«Napoleon atmete Preußen an, und Preußen hörte auf zu bestehen.» (Heinrich Heine) Der triumphale Einzug in Berlin vollzog sich – zur freudigen Überraschung Stendhals – unter den Klängen der Marseillaise, einem Lied der Republikaner. Würde der Kaiser wieder zum General der Revolution? Hätte er sich an diesem Tage des Ruhms auf die Völker gestützt, hätte er in Berlin und in Wien an die Stelle der Monarchen Männer seines Vertrauens gesetzt, dann wäre er nach Stendhals Ansicht unbesiegbar gewesen. Aber Napoleons Traum war, in den Klub der gekrönten Souveräne aufgenommen zu werden. Ein gefährlicher Mangel an Selbstbewußtsein. Um seinen Willen durchzusetzen, mußte er noch zwei Feinde besiegen: England und

Rußland. Gegen den ersteren unterzeichnete er am 21. November 1806 das berühmte Dekret der Kontinentalsperre. Ganz Europa war jeder Handel mit England untersagt. Nur der Zar mußte noch gezwungen werden, das Dekret zu befolgen. Darum rückte Napoleon in Polen ein.

Krieg mit den Russen zu führen, bedeutet Schatten zu verfolgen. Sie ziehen sich wie auf Filzsohlen zurück. Der Schnee deckt alles zu. In der Nacht kämpft man gegen Mondgespenster, die Befehl haben, keinen Laut von sich zu geben. Die Versorgung der Großen Armee wird schwierig; die «alten Haudegen» schimpfen. Auch hier hätte Napoleon das Volk auf seiner Seite gehabt, wenn er als Polens Befreier aufgetreten wäre. Die schöne Gräfin Maria Walewska opferte sich – ohne viel Widerwillen – und gab sich ihm aus Patriotismus hin, damit er Polen befreite. Aber da er nichts glühender wünschte, als sich nach dem Sieg mit Zar Alexander I. zu versöhnen, wollte er nichts Unwiderrufliches tun. Die Walewska-Episode ist darum nicht weniger wichtig, weil die schöne Gräfin schwanger wurde, was bewies, daß Napoleon Kinder haben, mit anderen Worten: einen Nachfolger zeugen konnte – eine Erkenntnis, die ihn zur Scheidung bewegen sollte.

Hätte Rußland sich an seine herkömmliche Strategie gehalten, nämlich sich kampflos in die unendlichen Steppen zurückzuziehen und den Feind in jene Eiswüsten hineinzulocken, dann wäre der erste russische Feldzug schon 1807 beendet gewesen. Aber Benningsen wollte seine Schlacht: es war Eylau, ein blutiger Kampf, bei dem das Korps von Augereau vernichtet wurde und die russische Kavallerie bis an den Friedhof von Eylau herankam, wo sie beinahe Napoleon gefangengenommen hätte. Er selber erinnert sich nur mit Schrecken an dieses Gemetzel. Bisher hatte er vor allem die Schlachten mit den Beinen seiner Soldaten und seiner raschen Intelligenz gewonnen. Das hier war nicht mehr der «frisch-fröhliche» Krieg. Gab es bei Eylau überhaupt Sieger und Besiegte? «Welches Massaker!» sagte Ney. «Und ohne Ergebnis!» Die Russen sangen ein Te Deum. Das ist auch eine Art, sich einzureden, daß man der Sieger ist. Napoleon ließ sich in Warschau nieder und wartete geduldig ab, vielleicht Maria Walewskas wegen, vor allem aber, weil er von einer Idee besessen war: Er m u ß t e Alexanders Freundschaft gewinnen. Aus dieser fernen Hauptstadt regiert er Frankreich durch Briefe von unglaublicher Präzision. Er organisiert Feste in Paris, unterrichtet Fouché über die Missetaten der Madame de Staël und erteilt den Malern Themen für ihre Bilder. Endlich kann er die heißersehnte Schlacht liefern: es ist die Schlacht bei Friedland am Jahrestag von Marengo (14. Juni 1807). Diesmal zweifelt niemand, wer der Sieger ist. Verärgert über seine

Verbündeten, bittet Alexander I. Napoleon um eine Zusammenkunft.

Sie fand in Tilsit statt auf einem Floß im Njemen, auf dem man ein Zelt errichtet hatte. Was nun kam, war ein Wettstreit des Charmes. Jeder der beiden Kaiser versuchte, den anderen für sich einzunehmen. Es war wie Liebe auf den ersten Blick. Napoleon hatte sich geschworen, diesen *so schönen, guten und jungen Kaiser* zu bezaubern. Anscheinend hatte er Erfolg. «Ich habe nichts mehr geliebt als diesen Mann», sagte Alexander. Wie sollte er sich nicht besiegen lassen von soviel Intelligenz, von «einem Zartgefühl des Herzens» (Bainville), das sogar den Gewissensnöten des Zaren seinen Verbündeten gegenüber Rechnung trug. Es ist ein Mann von Welt und ein

Einzug Napoleons in Berlin

Gräfin Maria Walewska.
Miniatur von Jean-Baptiste Isabey

Literat, dem Alexander hier auf dem Floß von Tilsit begegnet, und nicht die Revolution in Stiefeln und in Sporen. Auch Napoleon lobt seinen neuen Freund: *Wir standen früh vom Tische auf, um uns den König von Preußen, der uns langweilte, vom Halse zu schaffen. Um neun Uhr kam der Kaiser in bürgerlicher Kleidung zu mir zum Tee ... Wir sprachen über Politik und Philosophie. Er steckt voll von Wissen und liberalen Ideen.* Der Emporkömmling im Soldatenrock verteidigte die erbliche Monarchie; der aufgeklärte Despot ergriff Partei für die gewählte Monarchie. Napoleon verließ Tilsit in der Gewißheit, einen Freund gewonnen zu haben. Das war ziemlich absurd, und bald schon sollte er in diesem schönen jungen Mann die Verschlagenheit *eines Griechen des oströmischen Reiches* verdammen. Aber, wie Stendhal sagte, wenn Napoleon einen Fehler machte, dann war es ein edelmütiger Fehler: ein Übermaß an Vertrauen. Napoleon zeigte mehr Seelengröße als Alexander. Der Frieden war maßvoll, obgleich Preußen Gebiete verlor (*die beiden Flügel des schwarzen Adlers waren gebrochen*) und der Zar über die Schaffung des Herzogtums Warschau, eines verkleinerten Polens, nicht sonderlich erfreut war.

Als man später auf St. Helena Napoleon fragte, zu welcher Zeit

78

seines Lebens er am glücklichsten gewesen sei, sagte er: *Vielleicht in Tilsit ... Ich war dort siegreich, diktierte Gesetze, Könige und Kaiser machten mir den Hof.* Am 27. Juli kehrte er nach Paris zurück, «auf dem Gipfel seines Ruhms». Sein Geburtstag, der 15. August, wurde mit unerhörtem Pomp begangen. «Es war nicht nur der Held, den man feierte», es war der Souverän, den die Franzosen anbeteten. Wenn es eine Opposition gab, so war sie verstummt. Worin hätte sie sich auch manifestieren können? Die Presse ist geknebelt. Das Tribunat wird durch einen einfachen Senatsbeschluß aufgelöst – ohne Aufsehen und ohne Widerstand. Und dennoch beschleicht Napoleon ein seltsames Gefühl der Unsicherheit. Der Traum ist zu schön und zu vollkommen. «Wenn das nur gut geht auf die Dauer!» sagt immer wieder seine skeptische und kluge Mutter, und ihr Sohn weiß, daß sie recht hat. Er bemüht sich, den Geist von Tilsit lebendig zu halten. Er schreibt an den Zaren: *Wir werden mit England fertig werden; wir werden die Welt befrieden;* aber er weiß, daß die Anker, die er ausgeworfen hat, auf keinen allzu festen Grund gefallen sind. In St. Petersburg wie in Berlin und sogar in Paris bleibt der Zweifel wach, wie lange dieses Abenteuer wohl noch währen kann. Er selbst hat Zweifel. Europa ist zu schwer und zu groß, als daß ein einziger Mann es mit ausgestreckten Armen halten könnte. Schon tauchen neue Schwierigkeiten in Spanien auf. Das Kaiserreich ist ein monumentaler Bau, großartig entworfen und mit erstaunlicher Schnelligkeit errichtet. Aber hier und dort werden Risse sichtbar, und sobald der Kaiser einen Riß verkittet hat, erschüttert ein neues Beben die Mauern.

Napoleon trifft
Zar Alexander I.
am 25. Juni 1807
in Tilsit

DER STERBLICHE SIEGER

Die Höllenmaschine, die Europa bedroht, ist das Kontinentalsystem. Sicher leidet England durch die Blockade; es hat Arbeitslose, und seine Goldreserven schwinden. Aber sie schadet auch Europa. Frankreich selbst fehlt es an vielen Erzeugnissen, und Napoleon muß Lizenzen bewilligen. Die russischen Bojaren sind wütend, weil sie nicht mehr ihr Holz und ihren Hanf verkaufen können. Der Schmuggel breitet sich aus. Einige Häfen bleiben für englische Schiffe geöffnet. Dänemark, das sich der Liga der Neutralen anschließen wollte, hat ernste Verwarnungen einstecken müssen. Schweden bleibt auf seiten Englands. Portugal zögert, da es seine Weine an England verkauft. Napoleon erklärt daraufhin das Haus von Braganza für abgesetzt. Er schickt Junot nach Lissabon, der als Sieger in die Hauptstadt einzieht im selben Augenblick, da die königliche Familie nach Brasilien flieht.

Aber es ist eine Kettenreaktion. Die Kirchenstaaten weigern sich, ihre Häfen für die Engländer zu sperren. General Miollis besetzt Rom. Zwist mit dem Papst. Spanien sieht voller Mißtrauen, wie sich die Soldaten Murats im Lande niederlassen unter dem Vorwand, Junot zu helfen und die Halbinsel vor einer englischen Landung zu schützen. Die dynastischen Verhältnisse in Spanien sind unklar. Minister Godoy, der «Friedensfürst», drängt König Karl IV. in eine beschämende Rolle; der Erbfolger, der Prinz von Asturien, konspiriert gegen seinen Vater. Durch einen Volksaufstand kommt er als Ferdinand VII. auf den Thron. Napoleon nimmt daraufhin an, daß die Spanier in diesem Durcheinander glücklich wären, aus seiner Hand einen König zu empfangen. Murat, der an Ort und Stelle ist, bestätigt ihn in dieser Idee, weil er selbst auf diesen Thron reflektiert. Der Kaiser zieht Joseph vor; er plant ein «Revirement» der Könige. Joseph wird Madrid, Murat Neapel bekommen. Karl IV. und Ferdinand VII. lockt er nach Bayonne und nimmt sie dort gefangen.

Ein törichter Handstreich und ein schwerwiegender Fehler. Diesmal hat er sich völlig verrechnet. Er, der so vieles weiß, weiß nichts über Spanien. Er glaubt, die Spanier wären glücklich, von einem lächerlichen Souverän, von verrückten Mönchen und habsüchtigen Granden befreit zu sein. Statt dessen findet er ein religiöses, patriotisches Volk, das sich nicht scheut, dem Tod zu begegnen oder ihn zu verhängen und für das die Ehre alles ist. Auf völlig verlassenem Posten schickt Joseph Briefe über Briefe an seinen Bruder, um auf die außerordentliche Gefahr hinzuweisen. «Es bedarf unermeßlicher Mittel, um Spanien zu unterwerfen», schreibt dieser pessimistische Bonaparte. «Dieses Land und dieses Volk ähneln keinem anderen ... Kein einziger Spanier bleibt übrig, um meine Sache zu unterstützen.» Joseph lügt nicht. Spanien weist ihn als fremden Eindringling zurück. Priester organisieren Partisanengruppen. Es ist ein erbitterter Krieg. 1808 kommt das Debakel: Mit 20 000 französischen Soldaten kapituliert Dupont in Baylen vor den «Guerrilleros». Den Kaiser packt eine so heftige Wut wie damals in Boulogne gegen Villeneuve. Sein Zorn ist verständlich. Wenn Europa entdeckt, daß er verwundbar und sogar verwundet ist, wird es geschlossen über das Nest des Adlers herfallen. Um den Schaden wiedergutzumachen, will er, bevor er nach Spanien geht, noch einmal seinen «Freund» Alexander sehen. Hätte er erst auf diese Weise für Rückendeckung gesorgt, würde er die Große Armee bis nach Madrid führen, um mit den Guerrilleros aufzuräumen. Er ist überzeugt, daß, wenn er persönlich dabei ist, der Sieg ihm treu bleiben wird.

Es folgt die berühmte Zusammenkunft von Erfurt mit dem Zaren und den deutschen Fürsten. Napoleon hat die Comédie-Française mitgebracht. Talma spielt vor einem «Parkett der Könige». Die Souveräne des Deutschen Bundes lauschen respektvoll ihrem Gastgeber, der munter von seiner Jugend erzählt. *Als ich Leutnant der Artillerie war* ... Die Koketterie mit dem Erfolg. Auch die Koketterie mit der Kultur: Vertrauter Umgang mit den großen deutschen Dichtern

Junot in Portugal, 1807.
Zeichnung von Louis David

Goethe und Wieland. *Sie sind ein Mensch, Monsieur Goethe!* Alexander spielt seine Rolle nicht weniger gut. Als Talma deklamiert: «Die Freundschaft eines großen Mannes ist eine Göttergabe...» beugt sich der Zar zu Napoleon und sagt: «Ich empfinde das jeden Tag.» Ist er aufrichtig? Trotz allem äußeren Glanz spürt man, daß dies nicht mehr der Geist von Tilsit ist. Alexander vermeidet jedes eindeutige Engagement. Sein Ratgeber ist Talleyrand, der die Maßlosigkeit seines Gebieters fürchtet und dem Kaiser angeblich einen Dienst erweist, wenn er ihm Widerstände und Grenzen setzt. Von der Vorsicht zum Verrat ist nur ein kleiner Schritt. Bald sollte der Fürst von Bénévent sagen: «Das ist der Anfang vom Ende.» Napoleon, der sich jetzt zur Scheidung entschlossen hat, würde gern eine Großfürstin heiraten. Talleyrand billigt (insgeheim) die Ablehnung des Zaren. Mit einem Wort, Napoleon spielt in Erfurt die Rolle eines Betrogenen. Er hat ein Feuerwerk an Geist versprüht, aber er hat nichts erreicht. Was gibt es Traurigeres als ein «mißglücktes Fest»? Nach seiner letzten Unterhaltung mit Alexander bleibt er lange in Gedanken versunken. Diese Geschäfte in Spanien haben ihn viel gekostet an Menschen und an Prestige.

Aber hat er nicht *ein Einkommen von hunderttausend Mann?* Eine Nacht in Paris wird alles wiedergutmachen. In der Zwischenzeit wird er Truppen aus Deutschland in die Pyrenäen schaffen. Das ist um so dringender, als die Engländer in Spanien und Portugal landen. Die

Joachim Murat,
König von Neapel.
Ausschnitt aus
einem Gemälde
von François Gérard, 1808

britische Politik gegen einen unbequemen Eroberer ist stets die gleiche: die Seemacht zu halten, die Inseln und andere Kolonien zu besetzen, den Feind zu zwingen, seine Verbindungslinien zu Lande zu verlängern, ihn sodann dort anzugreifen, wo die Verproviantierung auf dem Seewege möglich ist und wo örtliche Partisanen mit Geld und Waffen ausgestattet werden können. Die englischen Generale Sir John Moore und Sir Arthur Wellesley (der künftige Wellington) sind außergewöhnlich tüchtig. «Ihre Infanterie ist die erste Europas», sagt der junge Bugeaud. «Glücklicherweise gibt es nicht viel davon.» An dieser neuen kontinentalen Front wird die Anwesenheit des Kaisers unerläßlich.

Die Geschichte Napoleons beschwört den Mythos von Sisyphos. Unermüdlich wälzte er seinen Felsblock bergan: Arcoli, Austerlitz, Jena. Aber immer wieder rollte der Felsblock bergab. Um ihn erneut bergauf zu rollen, bedurfte es jedesmal größerer Anstrengung und größerer Entschlußkraft. Im Oktober 1809, als der Felsen so tief wie noch nie zurückgerollt ist, eilt der Kaiser mit 160 000 Mann nach Spanien, Rekruten des Jahrgangs 1810, die vorzeitig ausgehoben und den Kadern der Veteranen eingegliedert worden sind. Einer solchen Menschenwoge halten die spanischen Patrioten nicht stand. Am 2. Dezember – ein schicksalhaftes Datum für ihn – steht er vor Madrid. Er setzt seinen Bruder dort ein, hebt die Inquisition, die Feudalrechte und zahlreiche Klöster auf und meint, durch diese Maß-

*François-Joseph
Talma.
Zeichnung von
Léonor Mérimée*

nahmen die Spanier für sich gewonnen zu haben. Noch einmal verkennt er dieses wilde, exaltierte, zum äußersten Widerstand entschlossene Volk. Aus Paris erreicht ihn die Nachricht, daß Talleyrand und Fouché in seiner Abwesenheit gegen ihn konspirieren. Er ist mit einem Satz in Paris, donnert die Unzufriedenen nieder, aber wagt nicht, sie zu bestrafen. Er braucht sie noch – sehr zu seinem Leidwesen!

Er beschwichtigt die aufgebrachte öffentliche Meinung: *Es wird keine Kriege mehr geben.* Aber die Höllenmaschine ist noch voller Zündpulver. In Spanien müssen Soult und Lannes einen grausamen Krieg führen: Hinterhalte in den Sierras, Straßenkämpfe in den Städten. In Preußen rufen Philosophen und Studenten die Nation zu einem Befreiungskrieg auf. Österreich möchte sich zum Vorkämpfer dieser Bewegung machen und reorganisiert seine Armee. Die Kaiserin stickt Kriegsfahnen. England schickt Hilfsgelder, der Zar gute Wünsche. Die dem Papst auferlegte Behandlung empört die Katholiken. Im April 1809 greift Erzherzog Karl in Bayern an. Sisyphos muß seinen Felsblock packen und wiederum den verfluchten Abhang erklimmen. Von Mal zu Mal wird der Aufstieg härter. Sein *Einkommen von hunderttausend Mann* genügt nicht. Seine Armee besteht aus zu jungen oder zu alten Männern. Dennoch bleibt der Sieg seinem Favoriten treu. Er rückt zum zweitenmal in Wien ein, aber die Verluste sind enorm.

Dann trifft eine Kette von schlechten Nachrichten ein. Portugal ist verloren, Spanien bedroht. In Rom wurde der Papst verhaftet, deportiert und in einer Kutsche von Ort zu Ort geschleppt. Aber Napoleon erringt einen glänzenden Sieg bei Wagram. Er kann ihn jedoch nicht ausnutzen, weil er einerseits zu wenig Kavallerie und Artillerie hat, andererseits jetzt unbedingt eine Atempause braucht. Die Freude an Wagram ist nicht dieselbe wie an Austerlitz. *Wir Sieger wissen jetzt, daß wir sterblich sind.* Er möchte Österreich weniger vernichten, als es in sein Spiel mit-

Der Herzog von Wellington. Zeichnung von Goya, 1822

einbeziehen. Die russische Allianz entgleitet ihm. Warum nicht eine Allianz mit Österreich? Eine Großfürstin hat man ihm abgeschlagen. Warum nicht eine Erzherzogin? Das riesige Reich wartet auf einen Erben. Die Staatsraison verlangt nunmehr die Scheidung.

Der Entschluß fällt ihm nicht leicht. Er hat Joséphine immer geliebt – nicht nur physisch, sondern – wie man sagen könnte – auch gesellschaftlich; sie ist eine vollkommene Kaiserin, ein wenig zu verschwenderisch, aber das wiegt nicht schwer. Sie ist beim Volk beliebt, was sie weiß und womit sie sich verteidigt. Allmählich läßt sie sich jedoch durch Fouché und durch ihren Sohn Eugène davon überzeugen, «daß es sich um eine politische Notwendigkeit handelt, um einen Beweis, daß der Kaiser sich vollständig den Pflichten unterwirft, die ein erblicher Thron ihm auferlegen, um ein persönliches, dem Staatsinteresse gebrachtes Opfer». Die Scheidungsurkunde wird unterzeichnet; Joséphine bleibt Kaiserin; sie erhält Malmaison und eine Pension von zwei Millionen. Das einzige Hindernis für eine neue Ehe ist die kirchliche Trauung, die damals in der Nacht, bevor Napoleon zum Kaiser gesalbt wurde, eilends arrangiert worden war. Im Prinzip könnte nur der Papst sie annullieren. Aber der Papst weigert sich, als Gefangener des Kaisers kirchliche Angelegenheiten zu regeln. Das Offizialamt in Paris ist zu dem kühnen Schritt bereit, an die Stelle des Pontifex Maximus zu treten und die Ehe zu annullieren, weil die religiösen Bande durch den «heimlichen Charakter der Zeremonie» unzureichend sind.

Der Weg ist frei für eine österreichische Heirat, vorausgesetzt, daß Kaiser Franz ihr zustimmt. Doch es stellt sich heraus, daß beide Kaiser diese Heirat wünschen: Napoleon, um ein mächtiges Mitglied aus dem Kreis der erblichen Souveräne für die Aufrechterhaltung der neuen französischen Dynastie zu interessieren; Franz, «um Napoleon vom Zaren loszureißen und den Herrn des Schicksals in die österreichische Allianz hineinzuziehen», selbst auf die Gefahr hin, daß diese Allianz sich gegen ihn wendet, sollte Napoleons Stern einmal verblassen. Im Februar 1810 wird von Wien die offizielle Zustimmung gegeben. Marie-Louise, eine frische, junge Prinzessin von 18 Jahren, wird wie einst Iphigenie geopfert, um Zeit zu gewinnen. Napoleon berauscht sich an dem Gedanken, ein Mitglied der Familie Habsburg zu werden. Dieser Snobismus war seine Schwäche. Als militanter Revolutionär hatte er seine Laufbahn begonnen. Er beendete sie als legitimer Liebhaber der Nichte Marie-Antoinettes. Er hatte so große Eile, daß er ihr auf der Straße von Saint-Germain entgegenritt, ihren Wagen anhalten ließ und Marie-Louise unverzüglich in sein Schlafgemach entführte, immerhin mit den Rechten des Ehemanns. Die Heirat war mit Vollmacht durch Berthier in Wien vollzogen worden. Marie-Louise traf also bereits als Kaiserin ein. Schon im ersten Jahr der Ehe (am 20. März 1811) schenkte sie Napoleon einen Erben, der im Gedanken an das Heilige Römische Reich Deutscher Nation bei seiner Geburt den Titel «König von Rom» erhielt.

Jetzt erst hatte Napoleon das Gefühl, daß die Zukunft ihm – und seinem Sohn gehöre. Aber wie sollten sich durch die österreichische Heirat seine Geschäfte arrangieren? Solange Österreich feindlich und unbesiegt blieb, arrangierte sich n i c h t s. Der Kaiser hatte ausgerechnet, in welcher Zeit die Kontinentalsperre England zur Kapitulation zwingen würde. Die besagte Stunde schlug, aber England wankte nicht. Sein König war verrückt, sein Regent unbedeutend, seine Minister mittelmäßig. Was machte es aus! Seine Instinkte und seine Tugenden hielten es aufrecht. Dank seiner Herrschaft über die Meere eroberte es Kolonien, befreite Südamerika, trieb einen riesigen Schleichhandel in Europa und rettete auf diese Weise sein Renommee. Rußland öffnete 150 englischen Schiffen unter amerikanischer Flagge

Kaiserin Joséphine.
Ausschnitt aus einem Gemälde von Pierre Prud'hon

Schloß Malmaison, vom Park aus gesehen

seine Häfen. Selbst Napoleon mußte sich den Tatsachen beugen und den Wiederverkauf von konfiszierten Waren genehmigen, die Frankreich brauchte. Da Schweden den französischen Marschall Bernadotte (seit seiner Heirat mit Désirée Clary ein Schwager Josephs) zum König gewählt hatte, hoffte der Kaiser, daß dieser französische König bei der Blockade mitspielen würde. Aber Bernadotte erklärte, «auf die Loyalität des Zaren zu vertrauen». Er wußte, auf welcher Seite die Sympathien des Zaren waren. Die Ostsee stand dem britischen Handel wieder offen. Auch in Spanien besserte sich die Lage nicht. Wellingtons englisch-portugiesische Armee hielt Ney, Masséna und Junot erfolgreich stand. Der Felsblock auf dem Gipfel des Hügels begann zu wanken.

Inzwischen beunruhigte der Konflikt mit dem Papsttum mehr und mehr die Gemüter. Napoleon will mit aller Gewalt seine Autorität dem Papst aufzwingen. Wenn Pius VII. sich nicht beugt, wird der Kaiser ein nationales Konzil einberufen, ein Konzil des Abendlandes, um *der Kirche meines Reiches e i n e Ordnung zu geben, ebenso wie e i n e n Glauben.* Untersteht nicht letztlich seiner Macht fast die ganze Christenheit? Er läßt einen alten, seit Jahrhunderten ruhenden Streit wieder aufbrechen: den Investiturstreit. Der Papst weigert sich, neue Bischöfe einzusetzen. Ein Konzil, das unter dem Vorsitz von Kardinal Fesch, dem Primas von Gallien, in Paris einberufen wird, beschließt, daß nach einer Frist von sechs Monaten die Investitur durch den Erzbischof oder den ältesten Bischof erteilt werden kann. Im Mai 1812 endlich kündigt der Kaiser das Konkordat und befiehlt, den Papst *im Gewand eines einfachen Geistlichen* nach Fontainebleau zu bringen. Aber die Würde des Gefangenen bedeutet eine ernste Gefahr für den Gefangenenwärter.

All diese Risse und Sprünge haben das Empire erschüttert. Ist es wirklich in Gefahr? Weitblickende Männer wie Talleyrand sehen furchtbare Stürme am Horizont heraufziehen. Napoleon selbst ist nach wie vor zuversichtlich. Er will aus Paris die Metropole des Abendlandes machen. Seit den goldenen Tagen des Konsulats hat es nicht mehr soviel Glanz in der französischen Gesellschaft gegeben. Aber es ist nur ein äußerer Glanz. Die Zahl der Arbeitslosen steigt beunruhigend, und die Ernte ist schlecht. Fabrikanten und Arbeiter stellen fest, daß die Blockade den Export abwürgt. In Rouen, Verviers, Lyon, Gand stapeln sich die nicht verkauften Ballen von Kaliko und Samt. Die Politik hat keine Gewalt über die Wirtschaft. Noch zehren die Franzosen von ihrem Ruhm und sind zufrieden. Sie lieben und bewundern den Kaiser, den Spender dieses Ruhms, doch sie beginnen zu fürchten, daß ein «letzter Krieg» gegen Rußland unvermeidlich sei. Dann allerdings, nach dem Sieg, der ihnen sicher scheint, würde ein französisches Europa Wirklichkeit.

DER GESCHLAGENE FELDHERR

Alexander hat Napoleon seit Erfurt politisch und menschlich ent-
täuscht. Der Kaiser der Franzosen kann nicht länger glauben, daß er
den Kaiser der Russen auf seiner Seite hat. Der Zar ist beunruhigt
über die österreichische Heirat, über das Kontinentalsystem und das
Großherzogtum Warschau. Wegen dieses letzten Punktes hat Napoleon dem russischen Botschafter eine Szene gemacht: *Selbst wenn
Ihre Armeen auf den Höhen von Montmartre kampierten, würde
ich keinen Daumen breit des Warschauer Territoriums abtreten.*
Eine noble Haltung, die allerdings schwer zu bewahren wäre, wenn
die Kosaken wirklich den Montmartre okkupieren würden! Am 25.
April 1812 läßt Alexander es zum offenen Bruch kommen: Er fordert, daß die französischen Armeen Preußen räumen. Napoleon zögert
mit seiner Antwort auf dieses Ultimatum und eilt mit Marie-Louise
nach Dresden, um dort ihre österreichischen Verwandten, den König
von Preußen und die deutschen Fürsten zu sehen. Er gibt sich strah-
lend und charmant, erhält fremde Truppenkontingente – Polen,
Preußen, Sachsen, Westfalen, Bayern, Österreicher unter Schwarzen-

*Der König von Rom.
Gemälde von Jean-
Baptiste Isabey*

Erzherzogin Marie-Louise, Napoleons zweite Frau

berg – und verspricht ... *in drei Monaten wird es erledigt sein.*
«Es» ist die Niederlage Rußlands.

Der Plan, den er im Kopf hat, ist einfach. Die Große Armee zählt
über 600 000 Mann (die Hälfte sind Ausländer). Er wird sie persönlich mit der Elite seiner Marschälle kommandieren. Nicht einen Augenblick zweifelt er daran, daß er Rußland vernichten wird. Dann
wird der Zar um Frieden bitten, der Geist von Tilsit neu erwachen
und Europa geeinigt sein. Es muß nur alles sehr schnell gehen, denn
er will sich nicht in Rußlands unendlichen Weiten verlieren. Aber er
ist ganz sicher, daß sein Plan gelingt. «Wenn eine Idee, die er für
nützlich hielt, sich einmal in seinem Kopf festgesetzt hatte», sagte
Caulaincourt, «ließ sich der Kaiser von ihr verführen. Er machte sie
sich zu eigen, hätschelte sie und wurde ganz von ihr besessen.» Er
weiß noch nicht, daß sich der Zar, die Generale, der Adel und auch

die Leibeigenen einmütig gegen den Eindringling erheben; daß sie entschlossen sind, Dörfer und Städte vor ihm zu verlassen; daß sie sich beharrlich zurückziehen, um ihm das aufzuzwingen, was er selbst als verderblich erkannt hat: tief in das Herz von Rußland einzudringen. Die beiden russischen Generale Barclay de Tolly und Bagration vermeiden es, ihre Truppen ins Gefecht zu bringen. Aber gerade das will Napoleon um jeden Preis durch einen dieser Gewaltmärsche erreichen, mit denen es ihm bisher noch stets gelungen ist, dem Feind in den Rücken zu fallen. Doch in diesem Land lassen sich mit den Beinen der Soldaten keine Schlachten gewinnen. Eines Abends sagt er zu Murat: *Morgen um fünf – die Sonne von Austerlitz!* Am nächsten Morgen ist der Feind nicht mehr da. Der Kaiser, verwirrt und unentschlossen, erkennt, daß seine Berechnungen von den Tatsachen widerlegt werden; Alexander bittet nicht um Frieden.

Die Große Armee rückt in Smolensk ein. Die russische Armee hat die Stadt in Brand gesteckt und ist verschwunden. Kutusow, ein Russe aus altem Geschlecht, hat ihren Oberbefehl übernommen. In «Krieg und Frieden» gibt Tolstoj ein unvergeßliches Bild dieses alten unbezähmbaren Mannes, der bei Beratungen einschläft, nichts von Schlachtplänen hält, aber fanatisch an das heilige Rußland glaubt. Am 7. September endlich stößt der Kaiser auf die russische Armee, die sich in Borodino verschanzt hat. Durch die heftigen Angriffe von Ney, Murat und Eugène werden die russischen Stellungen durchbrochen und von Davout sogar umzingelt. Die Verluste sind auf beiden Seiten ungeheuer. Der Sieg wäre sicher gewesen, hätte Napoleon seine Garde nicht in Reserve gehalten, sondern in die Schlacht geworfen. Doch dazu konnte er sich nicht entschließen. Ney sagt empört: «Soll er doch in die Tuilerien zurückgehen!» Warum diese plötzliche Schwäche? – Wegen des unermeßlichen Raums, der in seinem Rücken zwischen der Großen Armee und Frankreich liegt. Deutschland oder Österreich könnten sich jeden Augenblick gegen ihn wenden. So gibt er nicht den Befehl, und die Russen setzen ihren Rückzug fort. Jetzt ist der Kaiser gezwungen, nach Moskau zu marschieren – entgegen seiner besseren Einsicht. Bald werden die Türme, die Paläste, der Kreml sichtbar. Dieses Mal m u ß Alexander um Frieden bitten. Moskau wird das neue Tilsit sein!

Aber nein, Moskau entzündet sich «in der Nacht wie eine Fackel». Wer hat das Feuer gelegt? Der Gouverneur Rostoptschin? Wahrscheinlich! Die Russen beschuldigen die französischen Marodeure. Ihr Haß, ihre Entschlossenheit wachsen. Die alten Soldaten verlieren den Mut. Mußten sie so weit marschieren, um nichts als brennende Häuser zu sehen? Schwarzenberg versucht, die Verluste seiner Österreicher so gering wie möglich zu halten. Der Kaiser ist zunächst

Kardinal Fesch

sehr niedergeschlagen: *Das ist das Vorzeichen großen Unglücks!* Aber dann, mit seiner erstaunlichen Spannkraft, fängt er sich: *Moskau ist eine ausgezeichnete politische Position,* um den Frieden abzuwarten. Während er abwartet, reorganisiert er die Comédie-Française (Dekret aus Moskau). Als dann der von den Russen erhoffte Schritt ausbleibt, ergreift er die Initiative und schreibt an *seinen guten Freund* Alexander. Keine Antwort. Nichts. Der Oktober bricht an, und es naht der schreckliche russische Winter. Noch ist das Wetter mild, so daß er sich selber zu beruhigen versucht: *Seht, der Herbst ist schöner, sogar wärmer als in Fontainebleau.* Er wagt einen letzten Einsatz: Friedensangebot an Kutusow. Es wird abgelehnt. Jetzt muß er aufbrechen. Er hat schon viel zuviel Zeit verloren.

Der Rückzug beginnt. Er ist bitter und hart. Kosaken, Bauern und der General Winter (minus 35 Grad) sind eine unablässige Plage. Die Armee kann in Smolensk nicht haltmachen; sie setzt ihren Marsch in Richtung Beresina fort – durch Eis und Schnee, fast ohne Proviant. 14 000 Nachzügler schleppen sich hinter ihr her. Der Übergang über die Beresina unter russischen Granaten, die das Eis aufsprengen, ist eine Tragödie. Aber der Kaiser wird gerettet. Ein Kurier aus Frankreich meldet ihm, daß eine von General Malet angezettelte Verschwörung ihn für eine Nacht gestürzt hat, indem sie seinen Tod bekanntgab. Die Ordnung wurde wiederhergestellt, aber dieser Zwischenfall hat gezeigt, wie zerbrechlich das Kaiserreich ist. *Und die Kaiserin? Und der König von Rom?* Niemand hat an sie gedacht. Er sagt seinen Vertrauten, daß seine Rückkehr nach Frankreich unerläßlich ist. *Beim augenblicklichen Stand der Dinge kann ich Europa nur vom Palast der Tuilerien aus Respekt gebieten.* Also muß er die Armee verlassen. Er überträgt Murat den Oberbefehl, der weniger fähig als Berthier, aber König ist. Hierarchie ist Hierarchie. Bevor er geht, muß er noch seinen Aufbruch und das Mißgeschick, das seine Armee befallen hat, dem französischen Volk erklären. Er diktiert das erstaunliche XXIX. Bulletin der Großen Armee, das die Ereignisse mit erhabenem Ernst und bemerkenswerter seelischer Gelassenheit schildert. Dann fährt er, von Caulaincourt begleitet, in einer Kutsche davon; später besteigen sie einen Schlitten.

Es ist eine seltsame Reise, die dieser Kaiser inkognito unternimmt quer durch Europa, mit einer Handvoll Gefährten, in einem Pelzrock, der ihn nur notdürftig gegen die bittere Kälte schützt. Noch seltsamer wirkt die wohl unbewußte Heiterkeit des Kaisers. *Unsere Mißgeschicke werden in Frankreich großes Aufsehen erregen*, sagt er, *aber mein Kommen wird die unangenehmen Folgen wiedergutmachen.* Er glaubt, daß Europa ihm wieder zufällt. *Die Rückschläge, die Frankreich soeben einstecken mußte, werden aller Mißgunst ein Ende setzen . . . Es gibt nur noch einen Feind in Europa, und das ist der russische Koloß.* Worauf Caulaincourt mit mehr Wirklichkeitssinn antwortet: «Es ist Ihre Majestät, die man fürchtet.» Napoleon ist über diese Furcht erstaunt. Furcht vor ihm, der doch nie den Krieg gewollt hat? Zu allem, was er tat, wurde er durch England gezwungen. *Ich bin kein Don Quijote, der Abenteuer sucht. Ich bin ein vernünftiger Mensch, der nur das tut, was er für sinnvoll hält.* Den Rückzug Kutusows und den Brand von Moskau hält er für einen Irrsinn. *Wir sind Opfer des Klimas; das schöne Wetter hat mich getäuscht.* Und Spanien? Spanien beunruhigt ihn nicht. *Wenn 30 000 Engländer in Belgien oder Pas-de-Calais landeten, würden sie uns viel mehr Schaden zufügen, als wenn sie mich zwingen, eine Armee in Spanien zu unterhalten.* In Posen empfängt er Stafetten aus Frankreich. Ungeduldig reißt er die Umschläge auf. Er liest einen Brief der Kaiserin: *Habe ich nicht eine gute Frau?*, dann einen Brief von Madame de Montesquiou (Maman Quiou), der Erzieherin seines Sohnes. «Dieser mit seinen eigenen Angelegenheiten soviel beschäftigte Mann war in diesem Augenblick nur der gute, ja beste Gatte, der zärtlichste Familienvater», sagt Caulaincourt.

Wie sich nach seiner Ankunft in Paris herausstellte, war seine Gelassenheit wenigstens teilweise berechtigt. Der «Moniteur» hatte das unselige XXIX. Bulletin veröffentlicht, aber die Anwesenheit des

Michail Fürst Kutusow

Kaisers in Paris zerstreute viele Befürchtungen. *Man ist eher be-
kümmert als entmutigt,* sagte Napoleon. Und zu seinen Ministern:
*Nun ja, meine Herren, das Glück hat mich geblendet; ich habe mich
hinreißen lassen. Ich war in Moskau; ich habe geglaubt, ich könnte
den Frieden unterzeichnen, und ich blieb zu lange dort.* Caulaincourt
urteilte sehr viel härter. Er glaubte an das Genie des Kaisers, aber er
war der Ansicht, daß es dieser schöpferische Geist nicht verstand, das
Geschaffene zu erhalten. Der Kaiser hatte keinen rechten Beistand,
da unter dem Eindruck der vollbrachten Wundertaten Marschälle wie
Minister sich angewöhnt hatten, die Sorge um die Zukunft ihm allein zu überlassen. Durch die schnellen Entscheidungen der Feldzüge
in Italien und in Deutschland waren alle verwöhnt. Der Rückzug
aus Rußland wurde erst im letzten Augenblick und daher sehr
schlecht vorbereitet. Rückmärsche gehörten nicht zur Tradition der
Großen Armee. Darüber hinaus (und das ist wohl der schwerste Fehler, den ein Staatsmann begehen kann) dachte Napoleon nicht daran,
daß ihm auch etwas mißlingen könnte. «Das Glück hatte ihm so oft
gelächelt, daß er niemals glaubte, es würde ihm jemals ganz untreu
werden.»

Und doch geschah es. In Rußland hat Murat den Oberbefehl über
die letzten Reste der Armee an Eugène abgegeben. Schwarzenberg

mokierte sich über diese Kommandowechsel. «Wir waren vom Kaiser zum König gelangt; jetzt sind wir beim Vizekönig angekommen.» Der Österreicher verhandelt mit Kutusow und entblößt damit die rechte Flanke der Armee. Was tut Preußen? Seine Patrioten suchen eine Allianz mit Rußland. Und Österreich? In der Hoffnung, Franz II. an sich zu binden, schlägt Napoleon vor, Marie-Louise mit der Regentschaft zu betrauen. Aber er kennt Metternich schlecht. Und England? Er weiß, es wird keinen Frieden machen, solange er Belgien behält. Er weiß auch, daß er in Frankreich verspielt hat, nähme er einen unehrenhaften Frieden an. Seine Lage ist mehr als schwierig; sie ist verzweifelt. Das Kesseltreiben beginnt. 1813 erklärt ihm Preußen den Krieg. Er gewinnt noch die Schlachten von Lützen und von Bautzen, aber die Siege sind umsonst. Die gekrönten Häupter Europas verbinden sich gegen ihn und versuchen sogar, ihm den Rückweg nach Frankreich abzuschneiden.

Viele Marschälle glauben, daß das Ende des großen Abenteuers gekommen ist. Nach der Schlacht bei Leipzig, wo 100 000 Franzosen gegen 300 000 Feinde kämpften, marschiert ganz Europa gegen Na-

poleon. 700 000 Russen, Österreicher, Deutsche und Engländer brechen von allen Seiten in Frankreich ein. Niemals hat der Kaiser mehr strategisches Können bewiesen als in diesem französischen Feldzug. *Nur der General Bonaparte*, sagte er, *kann den Kaiser Napoleon noch retten.* Es fehlte dem General weder an Verantwortung noch an Genie. Aber keiner war mehr da, der ihm diente oder half. Die Marschälle dachten an ihre eigene Zukunft und suchten nach einem Ausweg aus dem Dilemma. Die Soldaten waren Kinder. Napoleon war überall zugleich: Er schlug die Österreicher, eilte den Preußen entgegen und lieferte bei Montmirail, bei Champaubert Schlachten, die Arcoli und Austerlitz würdig waren. *Aber der Sieg*, hatte er selbst einmal gesagt, *ist letzten Endes bei den größeren Bataillonen.* Der Ring der eindringenden Feinde schloß sich endgültig um den Helden und seine Rekruten.

Wer Frankreich ins Herz treffen will, zielt auf Paris. Im März 1814 träumte der Kaiser noch davon, einige brillante Manöver in Lothringen durchzuführen und dem Feind in den Rücken zu fallen, als er erfuhr, daß Blücher und Schwarzenberg vor den Toren der Hauptstadt standen. Joseph hatte kapituliert. *Welch eine Feigheit!* waren Napoleons erste Worte. *Wäre ich vier Stunden früher eingetroffen, wäre alles noch zu retten gewesen!* Und zornig fügte er hinzu: *Wenn ich nicht da bin, macht man nichts als Dummheiten.* Aber noch hielt er nicht alles für verloren. Caulaincourt sollte erkunden, *was noch zu erhoffen war.* Caulaincourt sah den Zaren, den König von Preußen und Schwarzenberg. Sie alle sagten, daß sie den Frieden wollten, aber ohne Napoleon. Diesem bot Kaiser Alexander eine Revenue an «so hoch, wie Sie nur wollen», aber er dürfe weder in Frankreich noch in Italien residieren. Wo sonst? Caulaincourt nannte Korsika, Sardinien oder Korfu. Alexander erwähnte die Insel Elba.

Der Übergang über die Beresina

Caulaincourt machte hierfür sofort «eine bindende Zusage» für den Fall, daß der Kaiser abdanken müßte. Marie-Louise und der König von Rom hatten Paris schon verlassen.

Unterdessen hatte sich Napoleon nach Fontainebleau begeben, wohin die Straße noch offen war. Unter Neys Führung forderte ihn dort eine Delegation von Marschällen zur Abdankung auf. Sie sahen für Frankreich keine andere Hoffnung als die Rückkehr der Bourbonen.

«Ludwig XVIII.», so sagten sie, «wird von Europas Königen gut behandelt werden.» Ein letztes Mal appellierte Napoleon an sie. *Wir werden kämpfen!* rief er ihnen zu. Ihre Antwort war eisiges Schweigen. Wie man aus den Memoiren von Caulaincourt weiß, versuchte Napoleon, Selbstmord zu begehen; aber das Gift wirkte nicht. Die Regentschaft? Der König von Rom? Er wußte, daß all das nur ein Wahngebilde war. Auf den Stufen der Hoftreppe von Cheval Blanc nahm er Abschied von der Alten Garde – eine Szene, die des größten Regisseurs würdig gewesen wäre. *Wenn ich mich entschlossen habe, euch zu überleben, dann deshalb, weil ich auch weiterhin eurem Ruhme dienen will. Ich möchte die großen Taten niederschreiben, die wir gemeinsam vollbrachten* ... Er küßte den Adler, und die alten Soldaten weinten. Sie allein hatten ihn geliebt; sie allein blieben ihm treu.

Marschälle und hohe Beamte hingegen hängten ihr Mäntelchen nach dem Wind und boten den Bourbonen ihre Dienste an. In Paris waren der Graf von Artois und sogar die feindlichen Souveräne mit beschämender Begeisterung empfangen worden. «Jeder schien von Koblenz zurückzukommen ... Taschentücher und Unterröcke wurden zu weißen Fahnen.» (Madame de Chateaubriand) Napoleon selbst beeilte sich, Fontainebleau zu verlassen. *Ich störe ... Warum macht man nicht schnell ein Ende damit?* Er hoffte, Marie-Louise würde Parma bekommen und ihn dann regelmäßig auf der Insel Elba besuchen. Während seiner Reise wurde er überall recht freundlich empfangen. Nur im Süden durchstöberten aufgebrachte Royalisten die Wagen und versuchten, seiner habhaft zu werden, um ihn aufzuhängen. Man weiß, daß er – so tapfer er auch auf dem Schlachtfeld war – große Angst vor dem Mob hatte. Das war damals, am 18 Brumaire, besonders deutlich geworden. Er zog sich eine österreichische Uniform an, um etwaigen Gewalttätigkeiten zu entgehen. In Fréjus schiffte er sich auf einer englischen Fregatte ein. Das große Abenteuer schien beendet.

Louis Marquis de Caulaincourt.
Zeichnung von Louis David

Napoleons Ankunft in Dresden, 1812

DER VERBANNTE PROMETHEUS

Während Staatsoberhäupter und Diplomaten versuchten, Europa wieder zusammenzuflicken und Marie-Louise, die treulose Kaiserin, auf Banketten tanzte, widmete sich der entthronte Kaiser mit der ihm eigenen Energie seinem winzigen Staat. Für den Geist eines Tatmenschen ist keine Aufgabe zu klein. Auf der Insel Elba verwaltete ein Caesar das Königreich eines Sancho Pansa. Er baute Straßen, ein Krankenhaus, ein Theater. Er brachte neuen Boden unter den Pflug. Und vielleicht würde er sich seinem Schicksal gebeugt haben, hätten seine Frau und sein Sohn es mit ihm geteilt. Doch nur Maria Walewska kam mit seinem illegitimen Sohn. Ihre dargebotene Zuneigung wies Napoleon zurück.

Warum beschloß er schon zu Beginn des Jahres 1815, nach Frankreich zurückzukehren? Weil er erst fünfundvierzig Jahre alt war und sich noch stark genug fühlte, ganz Europa in die Schranken zu fordern? Weil er vielerlei Gründe zur Klage hatte, so vor allem, daß seine Frau in Wien zurückgehalten wurde und daß die versprochene Pension ausblieb? Weil er zu Recht um sein Leben fürchtete? Talleyrand hatte wiederholt gesagt: «Man muß sich des Mannes auf der

Einzug der Alliierten in Paris

Insel Elba entledigen.» Joseph, der in die Schweiz zurückgekehrt war, warnte seinen Bruder vor möglichen Mördern, mal vor den Chouans, mal vor den Preußen. Die Nachrichten, die Napoleon aus Frankreich erhielt, bestätigten nur, wie wenig beliebt die Bourbonen waren. Ihre Rückkehr im Kielwasser der ausländischen Eroberer hatte das Nationalgefühl beleidigt. Offiziere und Soldaten der Großen Armee mußten die Hälfte ihres Soldes an die Emigranten abtreten und bebten vor Zorn beim Anblick der weißen Fahne. Sie tranken «auf das Wohl des kleinen Korporals». Am 15. August 1814 hatten sie den Geburtstag des Kaisers gefeiert. Die Leute aus dem Volke sagten: «Der kleine Korporal wird uns von diesen Veilchen befrei-

Clemens Fürst von Metternich

en.» Besucher aus Frankreich berichteten dem Kaiser, daß Republikaner und Bonapartisten gegen Ludwig XVIII. konspirierten und daß, wenn Napoleon sich nicht beeilte, ihm der Herzog von Orléans zuvorkommen könnte.

Diese Befürchtung zwang ihn zu einem überstürzten Entschluß. Mit der minuziösen Sorgfalt eines Generalstabschefs bereitete er seine Abreise vor. Er ließ auf Elba eine Proklamation in erhabener Sprache drucken: *Der blau-weiß-rote Adler wird von Turm zu Turm fliegen bis zu den Zinnen von Notre-Dame.* Die Rückkehr war überwältigend. Der Kaiser hatte nur 1000 Mann und mußte auf jede Gewaltanwendung verzichten. Seine Waffe war die Liebe des Volkes, die Zuneigung der Soldaten, die Erinnerung an fünfzehn Jahre des Ruhms.

Am 1. März 1815 landet er im Golf von Juan. Sein Plan war folgender: auf der Alpenstraße Grenoble zu erreichen, weil diese Stadt ihm gewogen war und er dabei vermied, die royalistische Provence zu betreten, an die er wenig gute Erinnerungen hatte. Den Soldaten, die ihn verhaften sollten, bot er seine entblößte Brust: *Wenn einer unter euch ist, der seinen Kaiser töten will, hier bin ich...* Aber es fiel kein Schuß. Grenoble öffnete seine Tore, dann Lyon. Ganze Regimenter hatten sich dem Kaiser angeschlossen und formierten sich zu einer kleinen Armee. Jetzt hatte er genügend Soldaten, um Paris einzunehmen. Aber würde Paris überhaupt verteidigt werden? Ludwig XVIII. weigerte sich, den Usurpator zu erwarten, «auf dem kurulischen Stuhl, die Charte in der Hand», wie Chateaubriand ihm riet. «Ich bin nicht dazu aufgelegt», sagte der alte, von Gicht geplagte König. Ney beschwor ihn, Napoleon entgegenzugehen und ihn in einem eisernen Käfig zurückzubringen. Ein Brief und zwei Worte stimmten ihn um. Am 20. März schläft der Kaiser in den Tuilerien. Er ist Herr von Paris, *ohne einen Schuß abgefeuert zu haben.* Der König und die Minister sind auf der Flucht.

Das Genie hatte triumphiert, aber was sollte dieser Triumph bewirken? Die verbündeten Herrscher, die sich in Wien trafen, würden Napoleon auf jeden Fall für vogelfrei erklären und in Frankreich einrücken. Wäre es dann geschlossen zum Widerstand bereit? Napoleon wollte die Herzen gewinnen. Er zeigte sich nachsichtig und liberal. *Ich hege gegen niemanden einen Groll.* Monsieur de Chateaubriand hatte ihn angegriffen? Das war ganz in Ordnung. Benjamin Constant hatte ihm Vorwürfe gemacht? Er beauftragte ihn, für

Napoleons Rückkehr nach Paris. Volkstümliche Darstellung

Napoleons Haus auf Elba

die Verfassung des Kaiserreiches eine Zusatzklausel zu entwerfen, die freie Wahlen, Verantwortlichkeit der Minister vor den Kammern und Pressefreiheit vorsah. Diese Zugeständnisse setzten ihn in den Augen der Militärs herab, die ein Kaiserreich ohne Kompromisse forderten. Die Beamten und Offiziere hatten nicht gewechselt. Er mußte dieselben Marschälle, die ihn verraten hatten, wieder übernehmen, die Politik Fouché anvertrauen, der gesagt hatte: «Napoleon ist für Frankreich das, was der Vesuv für Neapel ist», er mußte Carnot berufen, um die alten Republikaner zu beruhigen. All das trug nicht dazu bei, ein starkes Team auf die Beine zu bringen. Die alten Würdenträger waren durch den häufigen Wechsel ihrer Loyalität unglaubwürdig geworden. Sie hatten weder Überzeugungen noch Autorität. Die neue Verfassung wurde durch eine Volksabstimmung gebilligt, aber es gab zahlreiche Stimmenthaltungen. Anläßlich seiner Vereidigung wollte Napoleon eine große Feier auf den Champs-de-Mai veranstalten und damit Karl den Großen kopieren. So erschienen er und seine Brüder in römischen Gewändern. Das Volk von Paris lächelte. Es hätte den grauen Gehrock lieber gesehen. Madame de Staël bemerkte ganz richtig: «Der Versuch, einen solchen Mann als konstitutionellen König zu verkleiden, war einfach lächerlich.» Notstandserklärungen wären erforderlich gewesen, ein allgemeiner Appell an die Waffen, eine Militärdiktatur. Aber zu viele Pfeile waren von diesem Bogen geschnellt. Jetzt hatte er seine Spannkraft verloren.

Von Mai bis Juni 1815 zog der Kaiser 500 000 Mann zusammen, die Alliierten mehr als eine Million. Überdies hatte Wellington neue Unruhen in der Vendée angezettelt. Dadurch wurden 25 000 Mann gebunden, die man anderweitig bitter nötig gehabt hätte. Der Zusammenstoß erfolgte am 16. Juni bei Ligny, dann bei Waterloo auf einer verlassenen Ebene Belgiens. Es war der 18. Juni 1815. Napoleons Schlachtordnung war glänzend. Immer wieder werden Historiker die Fehler diskutieren, die nicht nur Ney und Grouchy, sondern auch der Kaiser begangen haben: Als Sieger von Ligny hatte er es versäumt, bei Anbruch des nächsten Tages die Preußen zu verfolgen. Durch seine zähe Verteidigung zerschlug Wellington alle heldenmütigen Angriffe der Alten Garde. Am Abend der Schlacht flutete die letzte französische Armee besiegt von Waterloo nach Paris zurück. Ganz Frankreich forderte jetzt die Abdankung des Kaisers. Napoleon ging zunächst nach Malmaison zu seiner Stieftochter Hortense, dann nach der Hafenstadt Rochefort und der Île d'Aix. Er hätte die Blockade durchbrechen und nach den Vereinigten Staaten segeln können. Bewunderer in New Orleans boten ihm Asyl. Doch er zog es vor, sich den Engländern zu stellen. Sich in einem Schiffsraum zu verstecken und womöglich entdeckt zu werden, schien ihm eines Kaisers unwürdig. Sich bedingungslos seinen ärgsten Feinden auszuliefern, war dagegen eine Geste im Stile Plutarchs. Sein Brief an den Prinzregenten – das wußte er – würde eine schöne Seite im Geschichtsbuch abgeben. *Königliche Hoheit, da ich den Faktionen, die mein Land aufspalten, und der Feindschaft von Europas Großmächten ausgeliefert bin, habe ich meine politische Laufbahn abgeschlossen. Ich komme wie Themistokles, um mich an den Herd des britischen Volkes zu setzen. Ich stelle mich unter den Schutz seiner Gesetze, den ich aus der Hand Eurer Königlichen Hoheit erbitte, dem mächtigsten, standfestesten und großzügigsten meiner Feinde.*

Napoleon begibt sich am 15. Juli 1815 an Bord der «Bellerophon»

Napoleon auf St. Helena, 1815

Die englischen Minister kümmerten sich weniger um die Gesetze der Gastfreundschaft als um die Regeln der Klugheit. Die Erfahrung von Elba hatte sie von jeder Nachsicht geheilt. Sie beschlossen, den General Bonaparte nach St. Helena zu schicken, einer kleinen, verlorenen Insel im Atlantik, «weit hinter Afrika». Einige Getreue baten, dieses Exil teilen zu dürfen: Montholon, Bertrand, Gourgaud, Las Cases, Marchand. Als seine Gefährten auf der «Northumberland» vom «Kaiser» sprachen, stellte sich der englische Admiral taub. «Es gibt keinen Kaiser an Bord.» Weder der Kaiser von Österreich, der Napoleon seine Tochter gegeben hatte, noch der Kaiser von Rußland, der ihn so oft «Mein Bruder» genannt hatte, hätten es fertiggebracht, ihm diesen Titel abzusprechen. Die Engländer jedoch hatten das siegreiche Kaiserreich niemals anerkannt und behandelten den kaiserlichen Gefangenen hart. Die Holzbaracken in Longwood, wo sie Napoleon und sein Gefolge unterbrachten, waren für Vieh gebaut. Hudson Lowe, der Gefangenenwärter, sah aus wie ein Scharfrichter und benahm sich plump und brutal. Aber selbst die erniedrigende Behandlung diente Napoleon zu einem höheren Zweck. Der geniale Regisseur in ihm verpaßte keinen dramatischen Effekt für den fünften Akt: St. Helena. *Auch das Unglück hat seinen Heroismus und seinen Ruhm. In meiner Laufbahn gab es kein Mißgeschick. Wenn ich auf dem Thron gestorben wäre in den Wolken meiner Allmacht, wäre ich für viele Menschen unvollkommen geblieben. Heute kann man mich, dank des Unglücks, beurteilen, so wie ich wirklich bin.*

So wie er wirklich war? Wohl kaum, denn die absolute Objektivität sich selbst gegenüber ist den Menschen nicht gegeben. Napoleon weiß, daß die Gefährten von St. Helena zugleich auch seine Biographen sind. Jeder von ihnen wird seine Memoiren veröffentlichen. So ist es nur zu verständlich, wenn er versucht, sich für die Nachwelt in ein möglichst günstiges Licht zu setzen. Er möchte gefallen, und das gelingt ihm auch: Geist und Gefühl sind von so ungeahnter Frische, als habe er seine Jugend wiedererlangt. So fällt in dem «Mémorial» von Las Cases der Glanz des Leutnants Bonaparte auf den Kaiser Napoleon. Als er in Longwood in einem Atlas blättert, findet er eine Karte von Korsika. Er schaut sie sich lange an. Alles war dort soviel besser gewesen, sogar der Duft der Erde. Durch ihn allein, so sagte er, hätte er mit geschlossenen Augen gewußt, daß er auf Korsika ist. Das hatte er nirgendwo wiedergefunden. Ebenso wie das Kind Korsikas ist der Sekondeleutnant immer noch in ihm lebendig. Er ist Konsul, Kaiser, Herrscher der Welt gewesen; er hat sein Bett mit des Kaisers Tochter geteilt, aber er bleibt der einfache Soldat, der sich hochgedient hat. Diese ungebrochene Lebenskraft hilft ihm auch auf St.

Sir Hudson Lowe, Napoleons Bewacher auf St. Helena

Napoleon diktiert dem jungen Las Cases seine Memoiren

Helena, den jähen Wechsel vom Palast zum Schuppen zu ertragen. Wie oft denkt er auf seiner Felseninsel an Paris! Wie gern er dort leben würde mit nur zwölf Francs am Tag! Ein Mittagessen für drei- ßig Sous; literarische Cabarets und Bibliotheken besuchen, im Par- kett der Comédie-Française sitzen! Ein Louis im Monat für ein Zim- mer...

Er hat sein Leben als Literat begonnen. Er beschließt es, indem er die Geschichte seiner großen Taten diktiert, so wie er es den Sol- daten in Fontainebleau versprochen hat. Las Cases und Gourgaud sind ihm dabei behilflich. Sein Hunger auf Bücher ist noch immer nicht gestillt. Er läßt sich aus dem Neuen Testament vorlesen und ist begeistert von der Schönheit der Bergpredigt. Obgleich er Cor- neille auswendig kann, hört er ihn noch immer gern. Ist er nicht selbst ein ausgezeichneter Schriftsteller? Manchmal beendet er seine Sätze mit einem Faustschlag wie Tacitus: *Aber wie beantwortete England einen solchen Edelmut? Es erweckte den Anschein, als reiche es sei- nem Feind eine gastfreie Hand; doch als er sich guten Glaubens er- gab, opferte es ihn.* Der Sturz ist schön in seiner jähen Härte. Da er mehr Soldat als Schriftsteller ist, beurteilt er vor allem vom militä- rischen und politischen Standpunkt aus die Meisterwerke der Literatur. In Racines «Mithridate» kritisiert er einen Schlachtplan: *Das mag als Erzählung ganz hübsch sein, aber militärisch gesehen ist es Unsinn.* Wenn er die Bibel liest, unterbricht er bei jedem Ortsnamen und erzählt von einem Gefecht, das er dort geliefert hat. Er liebt die «Odyssee», aber er tadelt Odysseus: *Es ziemt sich nicht,* sagt er, *daß gekrönte Häupter sich wie Bettler schlagen.* Genausowenig ziemt es sich, daß man sich in der Umgebung eines Kaisers schlägt. Aber die Langeweile auf St. Helena, die schlechten Unterkünfte und nicht zuletzt der Neid erzeugen Spannungen innerhalb dieser kleinen Gruppe von Männern und Frauen, die nur durch die Person des Kaisers miteinander verbunden sind. Der junge Las Cases ist von edlem Charakter, aber er ließ seine Familie in Frankreich zurück und wird die Insel verlassen, sobald er genügend Material für sein «Mémorial» gesammelt hat. Gourgaud, ein rechtschaffener Haudegen, hegt eine so ausschließliche Liebe für den Kaiser, daß er Montholon mit einem Zweikampf droht. «Nicht auf den Rivalen, sondern auf die Rivalin hat er es abgesehen: Madame de Montholon, eine verblühende Schönheit, die er zu Recht verdächtigt, nicht ganz uneigennützige Gastrollen im kaiserlichen Bett zu geben.» (Maximilien Vox) Napoleon versucht ihn zu besänftigen, zieht ihn am Ohr, nennt ihn: *Gorgo... Gorgotto,* und vertraut ihm seine innersten Ängste an. *Glauben Sie nicht, daß ich nachts aufwache und unglückliche Augenblicke habe, wenn ich daran denke, was ich war und wo ich jetzt bin? Wie ist die Zeit lang! Was für ein Kreuz! Man braucht Mut, um hier zu leben.* Nach einem Streit mit seinem Abgott verläßt auch Gourgaud St. Helena.

Die Augenzeugen werden immer weniger. Da sind die «Cahiers» von Bertrand, die «Souvenirs» von Marchand und die Erinnerungen des «Mamelucken» Ali Saint-Denis. Man ahnt, wie mühsam und monoton das Leben ist. Diese kleine Gruppe, die in Erinnerungen und Heimweh dahinvegetiert, hat es schwer, jene geistige Würde zu wahren, die ihrer Stellung angemessen ist. Der Kaiser wird bitter. Wie sollte er nicht? Er ist krank, seine Haut ist gelb und gedunsen. Er kann in seinem engen Bett nicht schlafen; er hat zu wenig körperliche Bewegung; er leidet an der wachsenden Gewißheit, daß es keine *Rückkehr aus St. Helena* mehr gibt. In manchen Augenblicken fängt er sich wieder: Er droht, mit Erfolg, diejenigen zu erschießen, die sein letztes Asyl entweihen wollen. Oder er überschüttet wie früher seine Gefährten mit einer Flut von Fragen. Doch der Motor seines Geistes, der auf wunderbare Weise alles Wissen registrierte, dreht sich im Leerlauf. Er wiederholt sich; er verfällt in eine grobe Sprache, wie er sie von seinen ersten Feldlagern her kennt; er entfernt sich immer mehr von dem idealen Bild, das der junge Las Cases von ihm entwerfen wird. Seine Zeit ist abgelaufen. Bald wird der letzte Vorhang fallen.

Doktor O'Meara, den er ertrug, ist auf Hudson Lowes Befehl abgelöst worden; den englischen Militärarzt lehnt Napoleon ab; seine Mutter und Kardinal Fesch schicken einen Arzt und einen korsischen Priester. Doch der Arzt taugt nichts, und der Priester erreicht nichts. Der Kaiser leidet furchtbar und erbricht alle Nahrung. Stirbt er wie sein Vater an Magenkrebs? Man hat es lange Zeit geglaubt. Nach der Diagnose von Doktor Guy Godlewski, der die Leiche in St. Helena untersucht hat, war es kein Krebs, sondern ein Magengeschwür, verursacht durch erbärmlich schlechte Kost und – durch Kummer.

Napoleon starb am 5. Mai 1821. Ein Sturm fegte über die Insel. Marchand hüllte ihn in den Mantel von Marengo. Montholon und Bertrand wollten auf den Grabstein nur ein Wort setzen: Napoleon. Hudson Lowe bestand auf «Napoleon Bonaparte». Kaiser oder General? Man konnte sich nicht einigen, und der Stein blieb nackt. Weit entfernt, in Europa, hörte der junge Las Cases zur Todesstunde plötzlich einen furchtbaren Donnerschlag. Die Legende begann.

Legende ist «das, was gesagt werden muß», und wir müssen mit Stendhal sagen, Napoleon war «ein großer Geist». Läßt man seine erstaunliche Laufbahn an sich vorüberziehen, so neigt man wie er selber dazu, einen Teil seines Erfolges dem General Zufall zuzuschreiben. *Es ist der Erfolg, der die großen Männer macht*, sagte er. Doch der Zufall allein wäre kein so beständiger Helfer gewesen. Alle großen Staatsmänner der Geschichte haben gewisse gemeinsame Züge, ohne die ihr Ruhm undenkbar wäre. Zunächst halten sie wenig von dem, was die Masse der Menschen begehrt. Nie hat ein Staatschef über so gewaltige Reichtümer verfügt wie Napoleon und davon so wenig für sich behalten. Dann sehen geniale Menschen die Dinge so, wie sie sind, und nicht, wie sie wünschen, daß sie sind. In den Jahren seiner Triumphe war Napoleon ein Realist und verschwendete keine Gedanken an Systeme. Später wich er von diesem Grundsatz ab, «weil er aufgehört hatte, zu improvisieren». Doch er blieb auch dann noch ein großer Mann. Da er von den Menschen keine Vollkommenheit erwartete, war er auch schnell bereit, ihre Schwächen zu verzeihen. *Es gibt Laster und Tugenden aus Gelegenheit . . .* sagte er. *Mancher tut etwas Schlechtes und ist doch im Herzen ein anständiger Mensch.* Ein schneller und umfassender Geist; eine unglaubliche Arbeitskraft; intellektuelle Redlichkeit; keine Illusionen über die Menschen; eine Begabung, sie zu verführen, ohne ihnen zu schmeicheln: All diese Eigenschaften hätten seinem Glück Dauer verleihen können. Daß er dennoch scheiterte, lag zweifellos an seiner allzu lebhaften Phantasie. Seine Pläne waren bewunderns-

Napoleons Tod. Zeichnung von Charles Steuben

wert, aber er hatte zu viele. Die höchste Kunst ist nicht, Erfolg zu haben, sondern zu wissen, wann man aufhalten muß.

Wie immer man über das Drama seines Lebens denken mag, man kann die Größe seines Todes nicht leugnen. Wie Prometheus, an seinen einsamen Felsen gefesselt, bewahrt er in Leid und Demütigung die Würde eines Märtyrers. Nach Waterloo im Juni 1815 gab es viele Franzosen, die Napoleon haßten, weil er ihnen ein besetztes Frankreich hinterließ. Aber der zeitliche Abstand, die Abneigung gegen die Bourbonen, die glorreichen Erinnerungen und die bewegenden Berichte über die Gefangenschaft verwandelten den Haß sehr schnell in Mitleid und in Sehnsucht. Dichter sangen seinen Ruhm. Victor Hugo widmete ihm seine schönsten Verse. Sogar in England vergötterten ihn ein Byron und ein Hobhouse. Niemals hat die französische Armee den kleinen Hut, den grauen Rock vergessen, hinter dem sie «die Alpen und den Rhein überschritten», alle Könige Europas besiegt und die Trikolore bis nach Moskau getragen hatte. Niemals hat das Volk aufgehört, die Erinnerung an Bonaparte mit der Erinnerung an die Revolution zu verbinden. 1830 verjagten Bonapartisten und Jakobiner die Bourbonen ein zweites Mal von ihrem Thron.

Auf St. Helena, in dieser Einöde von Bitterkeit und Langeweile, wünschte er manchmal, er wäre in Moskau gestorben. «Majestät», so pflegte dann Las Cases zu entgegnen, «die Geschichte würde betrogen sein um die Rückkehr von der Insel Elba, die heroischste Tat, die je ein Mann vollbracht hat...» – *Nun ja,* sagte der Kaiser, *ich glaube, da ist etwas Wahres daran, aber sagen wir Waterloo... Dort hätte ich sterben sollen.* Es gibt wohl Männer, die – nachdem sie ruhmreich lebten – von sich Abstand gewinnen, über sich hinauswachsen und ihr Leben als Kunstwerk begreifen. Napoleon aber wußte in seinen lichten Augenblicken, daß St. Helena der elende, der erhabene, der unerläßliche Epilog seines Lebens war. Weil er die Partie verloren hat, hat er sie gewonnen. Das Grab des Kaisers in der Krypta des Invalidendoms bleibt für die Franzosen ein Wallfahrtsort, nicht nur wegen Arcoli, Austerlitz und Montmirail. Das Frankreich von heute weiß, daß es von Napoleons Hand gestaltet wurde.

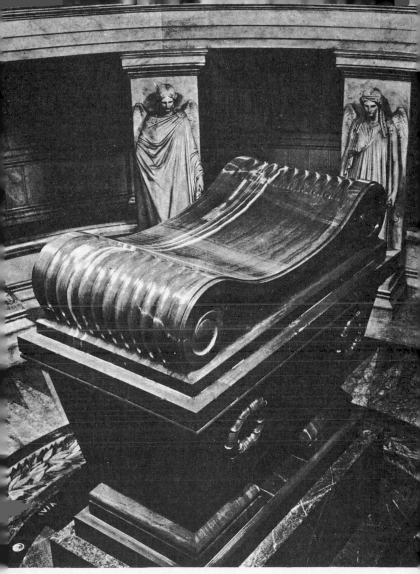

Das Grabmal im Invalidendom

1768   15. Mai: Korsika wird französisch. Ludwig XV. kauft die Insel von der genuesischen Republik.

1769   15. August: Geburt Napoleons in Ajaccio. Er ist der zweite Sohn der acht überlebenden Kinder von Charles-Marie und Letizia Bonaparte. Fünf weitere Geschwister starben früh.

1779   1. Januar: Napoleon Bonaparte wird Schüler des Gymnasiums von Autun.
Mai: Königlicher Stipendiat der Militärschule von Brienne.

1784   22. Oktober: Napoleon wird als Kadett in die Militärschule von Paris aufgenommen.

1785   Februar: Tod von Charles Bonaparte.
September: Napoleon wird als Sekondeleutnant zum Artillerieregiment La Fère in Valence versetzt.

1786   Napoleon wird bis September 1787 beurlaubt und verbringt dieses Jahr auf Korsika.

1788   Januar–Ende April: Erneuter Aufenthalt auf Korsika.
1. Juni: Leutnant Bonaparte kehrt zu seinem Regiment in Auxonne zurück.

1789   August: Napoleon auf Korsika. Er schließt sich einem Volksaufstand gegen die Obrigkeit an.

1791   Ende Januar: Napoleon verläßt Korsika und begibt sich zu seinem Regiment nach Auxonne.
September: Neuer Aufenthalt auf Korsika bis Mai 1792.

1792   1. April: Napoleon wird zweiter Oberstleutnant beim 2. Korsischen Freiwilligen-Bataillon.
Juni: Rückkehr nach Paris. Napoleon tritt im Range eines Hauptmanns wieder in die französische Armee ein.
10. August: Er nimmt teil am Massaker der Schweizergarde in den Tuilerien.

1793   25. Mai: Napoleons Geburtshaus in Ajaccio wird von «Patrioten» geplündert, Korsen, die gegen den Konvent revoltieren. Die Familie Bonaparte muß die Insel verlassen.
Oktober: Napoleon wird zum Bataillonschef ernannt und befehligt die Artillerie bei der Belagerung von Toulon. Die Stadt, die sich gegen den Konvent auflehnt, hatte die Engländer zu Hilfe gerufen.
20. Dezember: Toulon kapituliert dank Bonapartes Taktik.
22. Dezember: Bonaparte wird von den Abgeordneten im Auftrag des Konvents zum Brigadegeneral ernannt.

1794   März: Bonaparte geht als Artilleriekommandeur nach Italien.
30. Juli: Bonaparte wird am 12. Thermidor als Anhänger des am 9. Thermidor gestürzten Robespierre verhaftet, aber einige Tage später wieder freigelassen.

1795   13. Vendémiaire (5. Oktober): Bonaparte, von der italienischen Front zurückgerufen und von Barras zum Garnisonskommandanten der Hauptstadt ernannt, schlägt in Paris den Royalisten-Aufstand nieder.
25. Vendémiaire (17. Oktober): Bonaparte wird vom Konvent zum

Divisionsgeneral und zehn Tage später zum kommandierenden General der Heimatarmee befördert.

1796 2. März: Bonapartes Ernennung zum Oberbefehlshaber der Armee in Italien.

9. März: Napoleon Bonaparte heiratet Joséphine, Witwe des unter der Guillotine gestorbenen Generals Alexandre de Beauharnais.

27. März: Bonaparte übernimmt in Nizza den Oberbefehl der Armee in Italien.

April: Nach den französischen Siegen bei Millesimo und Mondovi schließt der König von Sardinien, Victor Amadeus III., den Waffenstillstand von Cherasco.

10. Mai: Schlacht an der Brücke von Lodi.

15. Mai: Bonaparte rückt in Mailand ein.

15.–17. November: Schlacht bei Arcoli.

1797 14. Januar: Schlacht bei Rivoli.

18. April: Abschluß der Friedenspräliminaren zu Leoben mit den Österreichern.

17. Oktober: Friedensvertrag von Campoformio. Bonaparte gründet mit den von Österreich abgetrennten Gebieten (Lombardei), einem Teil von Venetien, dem Herzogtum von Modena und dem Norden der Kirchenstaaten die Cisalpinische Republik, einen Vasallenstaat von Frankreich. Österreich bekommt das restliche Venetien. Die Republik Venedig verschwindet von der Karte Europas.

25. Dezember: Bonaparte wird zum Mitglied des Institut de France gewählt.

1798 19. Mai: Bonaparte schifft sich an der Spitze einer Armee von mehr als 30 000 Mann nach Ägypten ein. Er nimmt 165 Wissenschaftler und Gelehrte mit, darunter Monge, Berthollet und Geoffroy Saint-Hilaire.

1. Juli: Landung in Alexandria nach der Einnahme von Malta.

21. Juli: Schlacht bei den Pyramiden.

24. Juli: Einzug der Franzosen in Kairo.

1.–2. August: Nelson vernichtet die französische Flotte in der Bucht von Abukir.

1799 19. März–10. Mai: Belagerung von Akkon.

24. Juli: Sieg der Franzosen über die Türken bei Abukir.

August: Bonaparte verläßt Ägypten und übergibt Kléber den Oberbefehl.

16. Oktober: Ankunft Bonapartes in Paris.

18. Brumaire (9. November): Entlassung von Barras, Moulin und Gohier. Verlegung der Räte nach Saint-Cloud. Am nächsten Tag errichtet der «Rat der Alten» – nach Intervention der Grenadiere – zusammen mit einem Teil des «Rates der Fünfhundert» das Konsulat, das von Bonaparte, Sieyès und Roger Ducos gebildet wird.

25. Dezember: Die Konstitution des Jahres VIII tritt in Kraft. (Sie wird zwei Monate später durch Volksabstimmung bestätigt.) Bonaparte wird Erster Konsul auf zehn Jahre. Die beiden anderen Konsuln sind Cambacérès und Lebrun.

1800 Februar: Gründung der Bank von Frankreich. Reorganisation der Verwaltung und Ernennung von Präfekten.

März: Reform der Justiz.

Mai: Die französischen Truppen überqueren unter Bonapartes Oberbefehl den Großen St. Bernhard-Paß.

14. Juni: Schlacht von Marengo. Der am nächsten Tag geschlossene Vertrag bestimmt, daß die Österreicher Italien bis zum Mincio an Bonaparte abtreten.

24. Dezember: Attentat in der Rue Saint-Nicaise: 22 Tote, 56 Verwundete. Napoleon und Joséphine sind unverletzt.

1801 9. Februar: Friede zu Lunéville mit Österreich. Frankreich erhält das linke Rheinufer.

15. Juli: Unterzeichnung des Konkordats.

1802 25. März: Friede zu Amiens mit England.

8. Mai: Gesetzentwurf zur Gründung der Ehrenlegion.

3. August: Ein Plebiszit gewährt Bonaparte das Konsulat auf Lebenszeit sowie das Recht, seinen Nachfolger zu wählen. Am darauffolgenden Tag stimmt der Senat ohne Debatte für die Verfassung des Jahres X, die Napoleon selber entworfen hat.

1803 7. April: Das Gesetz des 17. Germinal des Jahres XI legt das Währungssystem auf der Grundlage von 1 zu 15 1/2 zwischen Silber und Gold fest. Bis 1926 sollte der «franc germinal» stabil bleiben.

3. Mai: Die französische Kolonie Louisiana wird an die Vereinigten Staaten verkauft.

13. Mai: Lord Witworth, der englische Botschafter in Paris, verlangt seine Pässe. Gründe des Bruchs: England weigert sich, Malta zu räumen, und schickt seinerseits an Frankreich ein Ultimatum, das die Räumung Belgiens, Hollands, der Schweiz und Piemonts fordert (April).

16. Mai: England verhängt Embargo über französische Schiffe.

1804 9. März: Georges Cadoudal, der aus London gekommen ist, um ein Attentat auf Bonaparte vorzubereiten, wird in Paris verhaftet.

20. März: Hinrichtung des Herzogs von Enghien in Vincennes.

21. März: Feierliche Bekanntmachung des Code civil.

18. Mai: Ein Senatsbeschluß betraut Napoleon I., Kaiser der Franzosen, mit der Regierung.

2. Dezember: Salbung in Notre-Dame.

1805 11. April: England, Österreich und Rußland schließen eine neue Allianz, die sich gegen Frankreich richtet.

Mai: Napoleon empfängt in Mailand als König Italiens die eiserne Krone der Lombardei.

21. Oktober: Seeschlacht bei Trafalgar. Tod von Nelson.

2. Dezember: Schlacht bei Austerlitz.

26. Dezember: Friede zu Preßburg. Österreich muß fast alle deutschen Provinzen und alle Ansprüche auf Italien abtreten. Österreich verliert ferner Istrien und Dalmatien an Frankreich und jeden Zugang zum Meer.

1806 Januar: Tod von William Pitt.

März: Joseph Bonaparte wird König von Neapel, nachdem die Bourbonen verjagt worden sind.

Mai: Louis Bonaparte wird König von Holland, die batavische Republik in ein Königreich umgewandelt.

Mai: Russisch-preußische Annäherung, die auf eine neue Koalition mit England hinsteuert.

Juli: Errichtung des Rheinbundes, dessen Schutzherr Napoleon wird.

August: Ende des Heiligen Römischen Reiches Deutscher Nation. Franz II. legt die deutsche Kaiserwürde nieder und trägt jetzt den Titel: Franz I., Kaiser von Österreich.

14. Oktober: Schlachten bei Jena und Auerstedt. Zwei preußische Armeen werden am selben Tag von Napoleon und Davout besiegt.

21. November: Dekret von Berlin, in dem Napoleon die Kontinentalsperre gegen England verfügt.

1807 8. Februar: Schlacht bei Eylau.

13.–14. Juni: Schlacht bei Friedland.

24. Juni–9. Juli: Begegnung Napoleons und Zar Alexanders I. bei Tilsit. Der Zar erkennt die französischen Eroberungen in Europa an, und Napoleon gibt sein Einverständnis, daß Rußland seine westlichen Grenzen durch den Erwerb neuer Gebiete (Finnland) erweitert. Man diskutiert über die Aufteilung des Orients. Preußen erleidet bedeutende territoriale Verluste und soll bis zur Zahlung einer hohen Kriegsbuße von französischen Truppen besetzt bleiben. Mit preußischen Gebieten wird das Königreich von Westfalen für Jérôme Bonaparte und das Großherzogtum Warschau geschaffen, das dem König von Sachsen anvertraut wird. Napoleon sagt: *Das Werk von Tilsit wird das Schicksal der Welt bestimmen.*

27. Juli: Nach elf Monaten kehrt Napoleon nach Paris zurück.

November: Da Portugal sich weigert, der Kontinentalsperre beizutreten, wird Lissabon von Junot besetzt.

17. Dezember: Dekret von Mailand. Die Ladungen aller Schiffe, die sich den britischen Forderungen unterworfen haben, werden konfisziert.

1808 3. Februar: Französische Truppen unter General Miollis rücken unter dem Vorwand, daß der Papst sich nicht der Blockade anschließt, in Rom ein. Pius VII. protestiert und droht, die Schänder der Ewigen Stadt zu exkommunizieren.

März: Gründung der kaiserlichen Universität, die das Monopol der Lehre erhält. Alle Privatschulen werden ihr unterstellt.

März: Murat besetzt Madrid.

April–Mai: Karl IV. von Spanien, der die Krone an seinen Sohn Ferdinand VII. abtreten mußte, wird zusammen mit seinem Sohn von Napoleon in Bayonne gefangengenommen. Beide Souveräne werden zur Abdankung gezwungen. Joseph Bonaparte wird durch ein kaiserliches Dekret (6. Juni) zum König von Spanien ernannt und Murat sein Nachfolger auf dem Thron von Neapel.

2.–3. Mai: Aufruhr in Madrid, der das Signal für die Erhebung Spaniens ist.

23. Juli: Kapitulation des Generals Dupont in Baylen in Andalusien.

1. August: Sir Arthur Wellesley, der künftige Herzog von Wellington, landet englische Truppen in Portugal in der Mündung des Tejo.

30. August: Vertrag von Sintra, Junot muß Portugal räumen.

September: Napoleon und der Zar begegnen sich in Erfurt.

5. November: Napoleon rückt mit 200 000 Mann in Spanien ein.

4. Dezember: Einnahme von Madrid. Napoleon beseitigt durch Dekret das Feudalsystem und die Inquisition.

1809 Januar: Napoleon eilt nach Paris, auf die Nachricht hin, daß Krieg mit Österreich ausgebrochen ist und daß in der Hauptstadt ein Komplott gegen ihn angezettelt worden sei.

20.–22. April: Eine Reihe von Gefechten, die unter dem Namen der Schlacht von Eckmühl bekannt sind.

13. Mai: Einzug Napoleons in Wien.

10. Juni: Annektierung Roms und der Kirchenstaaten; Pius VII. wird nach Savona deportiert.

4.–5. Juli: Schlacht bei Wagram.

14. Oktober: Friede zu Wien. Österreich verliert Galizien, das sich der Großherzog von Warschau und der Zar teilen, Krain, Fiume und Triest an Frankreich und einige Gebiete an Bayern.

14. Dezember: Annullierung der Ehe von Napoleon und Joséphine.

1810 2. April: Napoleon heiratet die Erzherzogin Marie-Louise.

1811 20. März: Geburt des Königs von Rom.

1812 25. April: Ultimatum des Zaren an Napoleon.

24. Juni: Napoleon überschreitet an der Spitze einer Koalitionsarmee die Memel.

17. August: Einnahme von Smolensk.

7. September: Schlacht bei Borodino.

14. September: Einnahme von Moskau.

19. Oktober: Napoleon räumt nach dem Brand von Moskau die Stadt.

22. Oktober: Mißlungener Staatsstreich von General Malet.

25.–27. November: Übergang über die Beresina.

18. Dezember: Napoleon wieder in Paris.

1813 28. Februar: Preußen unterzeichnet einen Allianzvertrag mit Rußland.

2. und 20. Mai: Schlachten von Lützen und Bautzen; französische Siege über russisch-preußische Truppen.

21. Juni: Sieg Wellingtons bei Vittoria über die französische Armee in Spanien.

10. August: Kriegseintritt Österreichs.

16.–19. Oktober: Völkerschlacht bei Leipzig.

9. Dezember: Die österreichisch-russische Armee unter Schwarzenberg überschreitet zwischen Basel und Schaffhausen den Rhein.

1814 25. Januar: Napoleon verläßt Paris. Er wird die Kaiserin und den König von Rom niemals wiedersehen.

Februar–März: Französische Siege bei Champaubert, Montmirail, Vauchamp und Montereau können den Vormarsch der Alliierten nur aufhalten.

31. März: Der Zar und der König von Preußen rücken an der Spitze der alliierten Streitkräfte in Paris ein.

1. April: Bildung einer provisorischen Regierung durch Talleyrand.

2. April: Der Senat proklamiert die Absetzung des Kaisers.

6. April: Abdankung Napoleons.

11. April: Der Vertrag von Fontainebleau überträgt Napoleon die Herrschaft über die Insel Elba und bewilligt ihm eine von der französischen Regierung auszuschüttende Dotation.

20. April: Abschied Napoleons von der Alten Garde in Fontainebleau.

4. Mai: Ankunft Napoleons auf der Insel Elba.

1815   1. März: Landung Napoleons im Golf von Juan.

20. März: Rückkehr Napoleons nach Paris.

23. Mai: Napoleon bewilligt die «Zusatzklausel», eine liberale Verfassung mit zwei gewählten Kammern.

12. Juni: Napoleon übernimmt den Oberbefehl der Truppen gegen die Alliierten, die ihn für «vogelfrei» erklärt haben.

18. Juni: Schlacht bei Waterloo.

22. Juni: Napoleon dankt zum zweitenmal ab.

15. Juli: Napoleon begibt sich an Bord der «Bellerophon» und legt sein Schicksal in die Hände der Engländer. Die englische Regierung betrachtet ihn als Gefangenen und beschließt, ihn nach St. Helena zu verbannen.

17. Oktober: Ankunft Napoleons auf der Insel St. Helena.

1821   5. Mai: Tod Napoleons.

ZEUGNISSE

FRIEDRICH HÖLDERLIN

Heilige Gefäße sind die Dichter,
    Worin des Lebens Wein, der Geist
    Der Helden sich aufbewahrt,
Aber der Geist dieses Jünglings
    Der schnelle, müßt' er es nicht zersprengen
    Wo es ihn fassen wollte, das Gefäß?
Der Dichter laß ihn unberührt wie den Geist der Natur,
    An solchem Stoffe wird zum Knaben der Meister.
Er kann im Gedichte nicht leben und bleiben,
    Er bleibt und lebt in der Welt.

Hölderlin, Buonaparte. 1798

ERNST MORITZ ARNDT

Man darf den Fürchterlichen so leicht nicht richten, als es die meisten tun in Haß und Liebe. Die Natur, die ihn geschaffen hat, die ihn so schrecklich wirken läßt, muß eine Arbeit mit ihm vorhaben, die kein anderer so tun kann. Er trägt das Gepräge eines außerordentlichen Menschen, eines erhabenen Ungeheuers, das noch ungeheurer scheint, weil es über und unter Menschen herrscht und wirkt, welchen es nicht angehört. Bewunderung und Furcht zeugt der Vulkan und das Donnerwetter und jede seltene Naturkraft, und sie kann man auch Bonaparten nicht versagen.

Arndt, Geist der Zeiten. Teil 1. 1806

KÖNIGIN LUISE

Er und sein ungemessener Ehrgeiz meint nur sich selbst und sein persönliches Interesse... Er ist von seinem Glücke geblendet, und er meint, alles zu vermögen. Dabei ist er ohne alle Mäßigung, und wer nicht Maß halten kann, verliert das Gleichgewicht und fällt.

Brief an den Vater. April 1808

HEINRICH VON KLEIST

Fr. Was hältst du von Napoleon, dem Korsen, dem berühmten Kaiser der Franzosen?
Antw. Mein Vater, vergib, das hast du mich schon gefragt.
Fr. Das hab' ich dich schon gefragt? – Sage es noch einmal mit den Worten, die ich dich gelehrt habe.

Antw. Für einen verabscheuungswürdigen Menschen; für den An-
fang alles Bösen und das Ende alles Guten; für einen Sünder, den
anzuklagen, die Sprache der Menschen nicht hinreicht, und den En-
geln einst, am jüngsten Tage, der Odem vergehen wird ...
Fr. Wer also, unter den Deutschen, mag ihn bewundern?
Antw. Die obersten Feldherrn etwa und die Kenner der Kunst.
Fr. Und auch diese, wann mögen sie es erst tun?
Antw. Wenn er vernichtet ist.

Kleist, Katechismus der Deutschen. 1809

FRANÇOIS RENÉ DE CHATEAUBRIAND

Buonaparte ist auf falsche Art und Weise ein großer Mann. Die
Großzügigkeit, welche die Helden und wahren Könige auszeichnet,
fehlt ihm. Die Natur schuf ihn ohne Liebe und Mitleid ... Geboren,
um zu zerstören, trägt Buonaparte das Böse so natürlich in sich wie
eine Mutter ihr Kind, mit Freuden und einem gewissen Stolz.

Chateaubriand, De Buonaparte. 1814

JOHANN WOLFGANG VON GOETHE

Da war Napoleon ein Kerl! Immer erleuchtet immer klar und ent-
schieden, und zu jeder Stunde mit der hinreichenden Energie begabt,
um das, was er als vorteilhaft und notwendig erkannt hatte, sogleich
ins Werk zu setzen. Sein Leben war das Schreiten eines Halbgottes
von Schlacht zu Schlacht und von Sieg zu Sieg. Von ihm könnte man
sehr wohl sagen, daß er sich in dem Zustande einer fortwährenden
Erleuchtung befunden; weshalb auch sein Geschick ein so glänzendes
war, wie es die Welt vor ihm nicht sah und vielleicht auch nach ihm
nicht sehen wird.

Johann Peter Eckermann, Gespräche mit Goethe in den letzten
Jahren seines Lebens, 1823–1832. 11. März 1828

LEOPOLD VON RANKE

Wir nehmen in Napoleon Größe der Gesichtspunkte, Folgerichtigkeit
der Ausführung wahr, den Blick und den Flug des Adlers nach seiner
Beute; so scharf übersieht er den ganzen Horizont; so geradezu
stürzt er auf den entscheidenden Punkt. Allein die Erhabenheit persönlicher Gesinnung, die einer Stellung wie der seinen entsprochen
hätte, läßt er vermissen; jenen Stolz eines großen Herzens, das sich
mit dem Gemeinen nicht befleckt. Ihm ist der Zweck alles. Doch nicht
ein jeder läßt sich mit Gewalt erreichen: dann ist ihm kein Mittel zu
schlecht, keine Maßregel zu kleinlich; er scheut keine langwierige
und gehässige Tyrannei, um seinen Gegner herabzuwürdigen und,

wie man sagt, mürbe zu machen; endlich in geschmeidigen Windungen fährt er heran, ihn zu erdrücken.

Ranke, Kardinal Consalvi. 1832

SÖREN KIERKEGAARD

Es scheint mir, daß Napoleon sehr viel mehr Mohammed gleicht als irgendeinem der großen Feldherrn der Vergangenheit. Napoleon fühlte sich oder trat zumindest auf als Missionar, als einer, welcher verkündigte und mitbrachte und kämpfte für bestimmte Ideen (das Evangelium der Freiheit, das nun klar und deutlich in seinem Geburtslande gehört wurde); das zeigen z. B. viele seiner Proklamationen in Italien – und zudem ging Napoleons Zug in entgegengesetzter Richtung zur Ausbreitung Mohammeds, aber durch die gleichen Länder. Mohammed von Ost nach West, Napoleon von West nach Ost.

Tagebuch. 17. September 1838

VICTOR HUGO

Dieser Mann war der Stern seines Volkes und dann seine Sonne geworden. Es war kein Verbrechen, sich von ihr blenden zu lassen. Es war für den Einzelnen, den Napoleon gewinnen wollte, vielleicht schwieriger als man denkt, seine Burg gegen den unwiderstehlichen Eroberer zu verteidigen... Wir müssen die Begeisterung begreifen und den Widerstand ehren. Beide sind rechtmäßig gewesen.

Rede beim Eintritt in die Académie Française. 1841

FRANZ GRILLPARZER

Ich selbst war kein geringerer Franzosenfeind als mein Vater und demungeachtet zog Napoleon mich mit magischer Gewalt an. Mit dem Haß im Herzen und zu aller Zeit kein Liebhaber von militärischem Schaugepränge, versäumte ich doch keine seiner Musterungen in Schönbrunn und auf dem Felde der sogenannten Schmelz. Noch sehe ich ihn die Freitreppe des Schönbrunner Schlosses mehr herablaufen als gehen, die beiden Kronprinzen von Baiern und Württemberg als Adjutanten hinter sich, und nun mit auf dem Rücken gefalteten Händen eisern dastehen, seine vorüberziehenden Gewalthaufen mit den unbewegten Blicken des Meisters überschauend. Seine Gestalt ist mir noch jetzt gegenwärtig, seine Züge haben sich leider mit den vielen gesehenen Porträten vermengt. Er bezauberte mich, wie die Schlange den Vogel.

Grillparzer, Selbstbiographie 1853

HEINRICH HEINE

Napoleon war nicht von dem Holz, woraus man die Könige macht –
er war von jenem Marmor, woraus man Götter macht.

Heine, Letzte Gedichte und Gedanken. 1869

HIPPOLYTE TAINE

Maßlos in allem, aber mehr noch ungewöhnlich, läßt Napoleon sich
weder mit andern vergleichen, noch in eine Reihe stellen. Seinem
Temperament, seinen Meinungen, seinen Fähigkeiten und Leidenschaften, seiner Einbildungskraft und Moral nach, scheint er aus
einem besonderen Stoff, einem andern Metall geschaffen als seine
Mitbürger und Zeitgenossen . . . Man erkennt in ihm den nachgeborе-
nen Bruder eines Dante und Michelangelo, denn die greifbare Ge-
staltung seiner Visionen, die Intensität, der Zusammenhang und die
innere Logik seiner Ideen, die Tiefe seines Denkens, wie die übermenschliche Größe seiner Vorstellungen machen ihn jenen in der Tat
ebenbürtig. Sein Genie ist von gleicher Art und gleicher Gestalt, er
ist einer dieser drei erhabensten Geister der italienischen Renaissance. Nur daß jene beiden mit Papier und Marmor arbeiteten, während Napoleon es mit dem empfindlichen, geduldigen Fleisch leben-
der Menschen tat.

Taine, Les origines de la France contemporaine. 1891

JOSÉ ORTEGA Y GASSET

Vom juristischen und ethischen Standpunkt mag Napoleon ein Ban-
dit sein – obgleich das nicht leicht zu beweisen sein dürfte für jemanden, der sich nicht vorher gewissen Prinzipien verschrieben hat.
Aber sei dem wie immer, jedenfalls ist es klar, daß menschliche Kraft
in ihm zu maximalen Ausschlägen gelangte, daß er nach Nietzsches
Wort ein «Bogen von höchster Spannung» war. Es ist nicht allein
der objektive Kulturwert der Wahrheit, nach welchem sich die Intelligenz bemißt. Genommen in ihrer Eigenschaft als rein vitale Tugend
heißt sie Gewandtheit.

Ortega y Gasset, El tema de nuestro tiempo. 1923

HEINRICH MANN

Das Buch, zu dem ich am häufigsten zurückkehre, sind die Memoiren
Napoleons. Er hat sie in der dritten Person geschrieben, was wie
göttliche Unpersönlichkeit wirkt und auch so wirken soll. Er hat darin weniger sich selbst verherrlicht, als das Schicksal geehrt, das so
Großes von ihm wollte und ihn in allem rechtfertigt . . .

Er selbst ist der Führer von heute, der Intellektuelle, der zur Gewalt greift. Wo heute irgendeine Art Führer an der Zukunft von Menschen sich versucht, ist es immer diese. Seine Memoiren sind unser Handbuch, wir verstehen uns mit ihm von selbst. Wäre er nochmals da, er wäre umgeben von der gleichen, «tiefen, schweigenden Ehrfurcht», die Stendhal nennt. Er wäre «völlig außer Vergleich und jeder würde es fühlen», wie einst.

Mann, Die Memoiren Napoleons. 1925

Vom Geld ist die Rede, von wem noch?

«Paris will nichts als Geld» . . .

. . . schrieb ein Mann, der selber zeitlebens viel Geld brauchte und gelegentlich jemanden fand, der ihm die Schulden bezahlte. Er entstammte einer wohlhabenden Kaufmannsfamilie, die im 17. Jahrhundert einen Adelstitel erworben hatte. Sein Vater, ein Marquis, war unter den Gebildeten seiner Zeit nach dem Titel eines seiner Bücher als «ami des hommes», als Menschenfreund bekannt. Der Sohn bekam mit drei Jahren die Pocken und behielt ein entstelltes Gesicht, was die ohnehin geringe Zuneigung des Vaters vollends löschte. Mit 18 trat er in ein Kavallerie-Regiment ein, spannte seinem Obersten die Geliebte aus – der erste einer ganzen Reihe von Liebesskandalen war da. Auf Ersuchen des Vaters wanderte er ins Gefängnis – der erste einer ganzen Reihe von Aufenthalten hinter Gittern. Mit 23 heiratete er eine reiche Erbin; wegen seines extravaganten Lebens aber schickte der Vater ihn ins Halbexil aufs Land. Er schrieb nun sein erstes größeres Werk, doch erneute Händel mit dem Vater endeten wieder mit Haft. Er konnte fliehen, zusammen mit einem Mädchen Marie Thérèse, das er Sophie nannte, kam in die Schweiz und nach Holland, wo er als Taglöhner für Buchhändler sein Brot verdiente. Zu Hause wurde er mittlerweile wegen Entführung und Diebstahl zum Tode verurteilt, fiel mit 28 Jahren der Polizei in die Hände und wanderte für 5 Jahre ins Gefängnis. Hinter Gittern verfaßte er die beiden Sexwerke «Erotica biblion» und «Ma conversion». Nach der Haft betrieb er mit Erfolg seine Rehabilitierung: das Todesurteil wurde aufgehoben. Eine Zeitlang lebte er nun, mit einer anderen Frau, in Holland und England.

Mit 36 lernte er einen Pariser Bankier kennen, der ihm so Haarsträubendes über das Börsenjobben erzählte, daß unser Mann fortan des Spekulieren mit Aktien als die Wurzel allen Übels ansah. Mit Vehemenz griff er Banken und Aktiengesellschaften an.

Er starb im Alter von 42 Jahren; als er schon nicht mehr sprechen konnte, schrieb er sein letztes Wort: «dormir», schlafen. Von wem war die Rede?

(Alphabetische Lösung: 13–9–18–1–2–5–1–21)

BIBLIOGRAPHIE

Von den Schriften und Briefen Napoleons werden neben einigen historischen Ausgaben und der 32bändigen (unvollständigen) «Gesamtausgabe» im allgemeinen nur die Editionen verzeichnet, die unveröffentlichte Texte Napoleons erstmalig publizieren. Von den deutschen Ausgaben werden ebenfalls nur die wichtigsten aufgeführt. In allen Fällen sind lediglich die Erstausgaben angegeben. – Aus der übergroßen Fülle der Sekundärliteratur kann hier nur eine Auswahl geboten werden. Dabei werden (besonders von dem älteren Schrifttum) nur die bedeutenderen Werke genannt. Darstellungen innerhalb von Weltgeschichten, großen geschichtlichen Epochenabrissen und anderen übergreifenden allgemeinen Untersuchungen werden grundsätzlich nicht berücksichtigt. Allerdings wird eine kleine Auswahl von Gesamtüberblicken über das Napoleonische Zeitalter gegeben. Militärgeschichtliche Schriften und Spezialdarstellungen der Napoleonischen Kriege werden nur in Einzelfällen aufgeführt. Ebenfalls nicht erfaßt werden die zahlreichen dichterischen Gestaltungen Napoleons. – Die Gruppierung der Titel innerhalb der «Einzeldarstellungen» muß als Behelf aufgefaßt werden. Durch das Überschneiden der Themenkreise wäre eine zufriedenstellende systematische Anordnung der Literatur nur durch etliche Doppelaufführungen oder Verweise möglich, die diesen Rahmen überschreiten würden. Die Bibliographie soll lediglich einen ersten Überblick vermitteln. – Stand: Januar 1965.

1. Bibliographien

MONGLOND, ANDRÉ: La France révolutionaire et impériale. Annales de bibliographie méthodique et description des livres illustrés. Bd. 1 ff. Grenoble, [später:] Paris 1930–lfd. [Zuletzt erschienen: Bd. 9: Années 1811–1812. 1963.]

KIRCHEISEN, FRIEDRICH M.: Bibliographie Napoléons. Eine systematische Zusammenstellung in kritischer Sichtung. Berlin, Leipzig 1902. VIII, 188 S.

KIRCHEISEN, FRIEDRICH M.: Bibliographie des Napoleonischen Zeitalters. 2 Bde. Berlin, Leipzig 1908–1912. XLVIII, 412; III, 208 S.

LEFEBVRE, GEORGE: Ouvrages à consulter. In: Lefebvre, Napoléon. Paris 1935 (Peuples et civilisations. Histoire générale. Bd. 14) – 4. erw. Aufl. 1953 [Zu jedem Kapitel die wichtigste Literatur in Fußnoten.]

DEUTSCH, HAROLD C.: Bibliography. In: Deutsch, The genesis of Napoleonic imperialism. Cambridge, London 1938. (Harvard historical studies. 41) S. 423–443

ANDREAS, WILLY: Bibliographie. In: Andreas, Das Zeitalter Napoleons und die Erhebung der Völker. Heidelberg 1955. S. 655–674

2. Schriften, Briefe, Proklamationen, Gespräche

a) Französische Ausgaben

Œuvres complètes. 6 Bde. (in 5). Paris (Panckoucke; Babeuf) 1821–1822

Œuvres complètes. Publiés avec des notes historiques par F. L. LINDER et A. LEBET. 6 Bde. Stuttgart, Tübingen (Cotta) 1822–1823

Correspondance. Publiée par ordre de l'empereur Napoléon III. 32 Bde. Paris (Henri Plon; J. Dumaine) 1858–1870 [Bd. 29–32: Œuvres de Napoléon Ier à Sainte-Hélène.]

Correspondance militaire. Extraite de la correspondance générale et pu bliée par ordre du ministre de la guerre. 10 Bde. (in 5). Paris (E. Plon) 1876–1877

Œuvres littéraires, Publiées d'après les originaux et les meilleurs textes, avec une introduction, des notes historiques et littéraires et un index par Tancrède Martel. 4 Bde. Paris (Savine) 1887–1888

Napoléon inconnu. Papiers inédits (1786–1793). Publiés par Frédéric Masson et Guido Biagi. 2 Bde. Paris (Ollendorf) 1895

Lettres, ordres et décrets en 1812–13–14 non insérés dans la «Correspondance». Recueillis et publiés par Emmanuel Henri Vᵀᴱ ᴅᴇ Grouchy. Paris, Nancy (Berger–Levrault) 1897. 99 S. (Publications de la Société «La Sabretache»)

Lettres inédites. Publiées par Léon Lecestre. 2 Bde. Paris (Henri Plon) 1897

Lettres inédites. Collationnées sur les textes et publiées par Léonce de Brotonne. Paris (H. Champion) 1898. XVI, 611 S.

Dernières lettres inédites. Collationnées sur les textes et publiées par Léonce de Brotonne. 2 Bde. Paris (H. Champion) 1903

Ordres et apostilles, 1799–1815. Publiées par Arthur Chuquet. 4 Bde. Paris (H. Champion) 1911–1912

Correspondance inédite conservée aux Archives de la Guerre. Publiée par Ernest Picard et Louis Tuetey. 4 Bde. Paris (H. Charles-Lavauzelle) 1912 –1913

Lettres inédites à Marie-Louise, écrites de 1810 à 1814. Avec introduction et notes par Louis Madelin. Paris (Éditions des Bibliothèques nationales de France) 1935. XXXIX, 270 S. – Neuausg. Paris (Le Livre Club du Libraire) 1960. 341 S., Abb. (Le Livre Club du Libraire. 90)

Pensées pour l'action. Recueillies et présentées par Édouard Driault. Paris (Presses universitaires de France) 1943. XX, 221 S.

Textes inédits et variantes, publiés par Nada Tomiche Dagher. Genève (Droz), Lille (Giard) 1955. 206 S. (Textes littéraires français. 67)

b) Deutsche Ausgaben

Ausgewählte Correspondenz. Übers. von H. Kurz. 3 Bde. Hildburghausen (Bibliographisches Institut) 1868–1870

Ungedruckte Briefe aus den Jahren 1796 und 1797. Im Besitze des Haus-, Hof- und Staats-Archives in Wien. [Hg. von] Hermann Hüffer. Wien (Gerold) 1873. 29 S. (Wiener Akademieschriften. 30)

Militärische Schriften. Berlin (Schneider) 1881. VII, III, 184 S. (Militärische Klassiker des In- und Auslandes. 2, 1)

Die militärischen Proklamationen und Ansprachen, 1796–1815. Chronologisch geordnet und hg. von K. A. Martin Hartmann. Oppeln (Franck) 1890. VII, 81 S.

Napoleon-Briefe. Gesammelt und hg. von Hans Landsberg. Berlin (Pan-Verlag) 1906. 473 S. (Napoleon-Bibliothek)

Schriften und Gespräche. Hg. von Hans Landsberg. Berlin (Pan-Verlag) 1909. 213 S. (Napoleon-Bibliothek)

Briefe. Auswahl aus der gesamten Korrespondenz des Kaisers. Hg. von Friedrich M. Kircheisen. 3 Bde. Stuttgart (Lutz) 1909–1910

Napoleons Leben. Von ihm selbst erzählt. Übers. und hg. von Heinrich Conrad. 10 Bde. und 3 Erg.bde. Stuttgart (Lutz) 1910–1913

Gespräche. Zum erstenmal gesammelt und hg. von Friedrich M. Kircheisen. 3 Bde. Stuttgart (Lutz) 1911–1913

Briefe. Ausgewählt und hg. von Friedrich Schulze. Übertr. von Hedwig Lachmann. Leipzig (Insel-Verlag) 1912. 405 S.

Briefe an Josephine. Hg. von ADOLF SAAGER. Stuttgart (Lutz) 1913. 190 S.
Napoleon. Eine Auswahl seiner Briefe, Proklamationen, Gespräche. [Hg.
von] WOLFGANG GOETZ. Berlin (Deutsche Buch-Gemeinschaft) 1926. 444 S.
Napoleon an Josephine. Briefe der Liebe. Übertr. von Hannah Szàsz. Frei-
burg i. B. (Urban-Verlag) 1927. 237 S., Taf.
Memoiren. Zum erstenmale hg. von FRIEDRICH M. KIRCHEISEN. Dresden,
Berlin (Aretz) 1927. 349 S., Taf.
Denkwürdigkeiten, 1796–1815. Ausgewählt und mit einem Nachwort ver-
sehen von MARIO KRAMMER. Berlin (Weltgeist-Bücher Verlags-Gesell-
schaft) 1928. 196 S. (Weltgeist-Bücher. 280/282)
Napoleon. Die Memoiren seines Lebens. In neuer Bearb. hg. von FRIEDRICH
WENCKER-WILDBERG in Verb. mit FRIEDRICH M. KIRCHEISEN. 14 Bde. (in 7).
Wien, Hamburg, Zürich (Gutenberg-Verlag Christensen) 1930–1931 [Mit
Abb.]
Die Briefe an Marie-Louise. Mit Kommentar von CHARLES DE LA RONCIÈRE.
Übers. von Georg Goyert. Berlin (S. Fischer) 1935. 307 S., Abb.
Mein Leben und Werk. Schriften, Briefe, Proklamationen, Bulletins. Aus
dem Gesamtwerk des Kaisers ausgewählt und hg. von PAUL und GER-
TRUDE ARETZ. Wien, Leipzig (Bernina-Verlag) 1936. 581 S.
Briefe an Frauen. Aus der gesamten Korrespondenz des Kaisers zum ersten-
mal hg. von GERTRUDE ARETZ. Olten, Leipzig, Wien (Delphi-Verlag) 1938.
353 S., Taf.
Darstellung der Kriege Caesars, Turennes, Friedrichs des Großen. Mit einem
Anhang: Der Angriffskrieg in weltgeschichtlichen Beispielen. Vom Kai-
ser in seinen letzten Lebensjahren im Exil auf St. Helena geschrieben
und kritisch erläutert. Übers., erl. und hg. von HANS EBERHARD FRIEDRICH.
Berlin (Vorwerk-Verlag) 1938. 543 S.
Aus dem Briefwechsel des großen Korsen. Nach der durchges. Übertr. von
Friedrich M. Kircheisen hg. und eingel. von KURT WEIGAND. München
(Goldmann) 1960. 217 S. (Goldmanns Liebhaberausgaben) – Ebd. (Gold
manns gelbe Taschenbücher. 640)
Gespräche mit Napoleon. Hg. von FRIEDRICH SIEBURG. München 1962. 329 S.
(dtv-Taschenbuch. 94)
Briefe an Josephine. Aus dem Franz. übertr. und mit Anm. vers. von WER-
NER MÜLLER. Nachwort von ANTON RITTHALER. München 1967. 168 S.
(Die Fundgrube. 33)

3. Lebenszeugnisse

a) Einzelne Briefwechsel

Lettres inédites de Talleyrand à Napoléon, 1800–1809. Publiées ... avec
une introduction et des notes par PIERRE BERTRAND. Paris (Perrin) 1889.
XII, 491 S.
Politische und militärische Correspondenz König Friedrichs von Württem-
berg mit Kaiser Napoleon I. 1805–1813. Hg. von A. VON SCHLOSSBERGER.
Stuttgart (Kohlhammer) 1889. 342 S.
Briefe Napoleon's I. an seine Gemahlin Josephine und Briefe Josephine's an
Napoleon und ihre Tochter, die Königin Hortense. Übertr. mit erl. Anm.
von O. Marschall von Bieberstein. Leipzig (H. Schmidt & C. Günther)
1901. 336 S.
Fürstenbriefe an Napoleon I. Hg. von FRIEDRICH M. KIRCHEISEN. 2 Bde.
Stuttgart, Berlin (Cotta) 1929. XX, 384; XIII, 361 S.

Lettres personnelles des souverains à l'empereur Napoléon Ier. Publiées par le prince NAPOLÉON et JEAN HANOTEAU. Paris (Plon) 1939. XCVII, 392 S.

Marie-Louise et Napoléon, 1813–1814. Lettres inédites de l'impératrice avec les réponses déjà connues de Napoléon de la même époque. Suivies en annexes de documents inédits tirés des Archives Bernadotte. Réunies et commentées par C. F. PALMSTIERNA. Notes biographiques de JEAN SAVANT. Paris (Stock) 1955. 312 S.

Dt.: Marie Louise und Napoleon, 1813–1814. Die unveröffentlichten Briefe der Kaiserin mit den Briefen Napoleons zusammengestellt und kommentiert von C. F. PALMSTIERNA. Übers. von Gertrud Grote. München (Beck) 1960. 274 S.

Napoléon et Joséphine. Édition intégrale avec de nombreux inédits des lettres de Napoléon à Joséphine, établie et présentée par JEAN SAVANT. Paris (Club du meilleur livre) 1955. 386 S. (Visages de l'histoire)

Lettres de Napoléon à Joséphine et lettres de Joséphine à Napoléon. Paris (Le Livre Club du Libraire) 1959. IX, 286 S., Abb. (Le Livre Club du Libraire. 79)

b) Memoiren von Zeitgenossen

O'MEARA, BARRY EDWARD: Napoleon in exile, or A voice from St. Helena. The opinions and reflections of Napoleon on the most important events of his life and government, in his own words. 2 Bde. London 1822 – Dt.: Napoleon I. in der Verbannung oder eine Stimme von St. Helena. Meinungen und Äußerungen Napoleon's über die wichtigsten Ereignisse seines Lebens in seinen eigenen Worten. 3 Bde. Leipzig 1902

RAPP, JEAN: Mémoires. Londres 1823. 439 S. – Dt.: Die Memoiren des General Rapp, Adjutanten Napoleons I. Leipzig 1902. 346 S.

LAS CASES, EMMANUEL COMTE DE: Mémorial de Sainte-Hélène, ou Journal où se trouve consigné, jour par jour, ce qu'a dit et fait Napoléon durant dix-huit mois. 8 Bde. Paris 1823 – Neuausg.: Le Mémorial de Sainte-Hélène. Édition intégrale et critique, établie et annotée par MARCEL DUNAN. 2 Bde. Paris 1951 (Les grands mémoires) – Le Mémorial de Sainte-Hélène. Texte établi et commenté par GÉRARD WALTER. Avant-propos d'ANDRÉ MAUROIS, introduction de JEAN PRÉVOST. 2 Bde. Paris 1956–1957. CXIII, 1230; 1515 S. (Bibliothèque de la Pléiade. 28. 29) – Dt.: Napoleon I. Tagebuch von St. Helena. 2 Bde. Leipzig 1899. XV, 298; VII, 294 S.

ANTOMMARCHI, FRANCESCO A.: Mémoires, ou Les derniers momens de Napoléon. 2 Bde. Paris 1825 – Dt.: Napoleon I. kurz vor seinem Tode. 2 Bde. Leipzig 1903. 225; 192 S.

SÉGUR, PAUL PHILIPPE COMTE DE: Histoire de Napoléon et de la grande armée pendant l'année 1812. 2 Bde. (in 1). Paris 1825 – Neuausg.: La campagne de Russie. Mémoires. Paris 1910. 457 S. (Collection Nelson) – Dt.: Die Erinnerungen des Generals Grafen Paul Philipp von Ségur. Bearb. von FRIEDRICH M. KIRCHEISEN. Hamburg 1908. 472 S. (Bibliothek wertvoller Memoiren) – Neuausg.: Napoleon und die Große Armee in Rußland. Aus dem Franz. von JOSEPH APPOLINARIS HONORATIUS VON THEOBALD. Hg. und eingel. von PETER BERGLAR. Bremen 1965. 530 S.

GOURGAUD, GASPARD DE: Napoléon et la grande armée en Russie, ou Examen critique de l'ouvrage de M. le comte Ph. de Ségur. Paris 1825. XV, 558 S. – Dt.: Napoleon und die große Armee in Rußland. Zugleich eine kritische Beleuchtung des Werks des Ph. v. Ségur. Darmstadt 1825. 260 S.

MAITLAND, SIR FREDERICK LEWIS: Narrative of the surrender of Buonaparte and of his residence on board H. M. S. Bellerophon; with a detail of the principal events that occurred in that ship, between the 24th of May and the 8th of August, 1815. London 1826. XVI, 248 S. – Neuausg.: The surrender of Napoleon. Edinburgh, London 1904. LXXVII, 261 S. – Dt.: Bonaparte's Ankunft und Aufenthalt auf dem K. großbritannischen Schiffe Bellerophon, nebst genauen Nachrichten über alles, was sich vom 24. Mai bis 8. August 1815 zugetragen hat. Hamburg 1826

THIBAUDEAU, ANTOINE CLAIRE COMTE: Mémoires sur le consulat, 1799–1804. Paris 1827. 464 S. – Dt.: Geheime Denkwürdigkeiten über Napoleon und den Hof der Tuilerien in den Jahren 1799 bis 1804. Stuttgart 1827

BOURIENNE, LOUIS ANTOINE FAUVELET: Mémoires sur Napoléon, le directoire, le consulat, l'empire et la restauration. 10 Bde. Paris 1829–1830 – Dt.: Geheime Memoiren über Napoleon, das Directorium, das Consulat, das Kaiserreich und die Restauration. 10 Bde. Stuttgart 1829–1830

D'ABRANTÈS, LAURE SAINT-MARTIN DUCHESSE: Mémoires, ou Souvenirs historiques sur Napoléon, la révolution, le directoire, le consulat, l'empire et la restauration. 18 Bde. Paris 1831–1835 – Gekürzte Neuausg.: Souvenirs sur Napoléon. Recueillis par M. P. JOUBERT. Paris 1937. 234 S. (Éditions d'histoire et d'art) – Mémoires. Introduction et notes de ALBERT OLLIVIER. Paris 1958. 332 S. – Dt. Auszug: Aus den Memoiren der Herzogin von Abrantès. Hg. und bearb. von B. FRH. VON WEINBACH. Leipzig 1903. 285 S.

THIBAUDEAU, ANTOINE CLAIRE COMTE: Le consulat et l'empire, ou Histoire de la France et de Napoléon Bonaparte de 1799–1815. 10 Bde. Paris 1834 –1835

CAULAINCOURT, ARMAND AUGUSTIN LOUIS MARQUIS DE: Souvenirs. Recueillis et publiés par CHARLOTTE DE SOR. 2 Bde. Bruxelles 1837 – Neuausg.: Mémoires. Introduction et notes de JEAN HANOTEAU. 3 Bde. Paris 1933–1934 – Dt.: Unter vier Augen mit Napoleon. Denkwürdigkeiten des Generals Caulaincourt. Übers., Auswahl und Bearb. von FRIEDRICH MATTHAESIUS. Bielefeld, Leipzig 1937. XIX, 308 S., Taf. – Neue erw. Ausg. Stuttgart 1956. XXII, 400 S. – Mit Napoleon in Rußland. Denkwürdigkeiten des Generals Caulaincourt. Übers., Auswahl und Bearb. von FRIEDRICH MATTHAESIUS. Bielefeld, Leipzig 1938. XX, 300 S., Taf.

MÉNEVAL, CLAUDE FRANÇOIS BARON DE: Napoléon et Marie-Louise. Souvenirs historiques. 3 Bde. Paris 1843–1845 – Dt.: Napoleon und Marie Louise. Geschichtliche Erinnerungen. 2 Bde. Berlin 1906. 456; 416 S. (Memoiren-Sammlung. 3. 4)

ABELL, LUCIA ELIZABETH: Recollections of the emperor Napoleon during the first three years of his captivity on the island of St. Helena. London 1844. XII, 251 S. – Dt.: Napoleons letzte Freundin. Sankt Helena-Erinnerungen der BETSY BALCOMBE. [Hg. von] PAUL ARETZ. München 1919. 280 S.

MOLLIEN, FRANÇOIS NICOLAS COMTE: Mémoires d'un ministre du trésor public, 1780–1815. 4 Bde. Paris 1845

MONTHOLON, CHARLES JEAN TRISTAN MARQUIS DE: Récits de la captivité de l'empereur Napoléon à Sainte-Hélène. 2 Bde. Paris 1847 – Dt.: Geschichte der Gefangenschaft Napoleon's auf St. Helena. 2 Bde. Leipzig 1846

CHATEAUBRIAND, FRANÇOIS AUGUSTE RENÉ VTE DE: Mémoires d'outre-tombe. 12 Bde. Paris 1849–1850 – Neuausg. Édition du centenaire intégral et critique en partie inédite établie par MAURICE LEVAILLANT. 4 Bde. Paris 1948 (Les grands mémoires) – Auszug: Napoléon. Présentation et introduction par CHRISTIAN MELCHIOR-BONNET. Paris 1949. LI, 419 S. – Dt.: Denkwürdigkeiten. Von Jenseit des Grabes. 4 Bde. Leipzig 1849–1850 – Auszug: Napoleon. München 1920. 376 S.

Rémusat, Claire Élisabeth de: Mémoires, 1802–1808. 3 Bde. Paris 1879–1880 – Dt.: Napoleon I. und sein Hof. Memoiren, 1802–1810. 3 Bde. Köln 1880–1882 (Memoiren-Bibliothek. 1–3) – Auszug: Im Schatten Napoleons. Aus den Erinnerungen. Übers. und hg. von Friedrich Frh. von Falkenhausen. Leipzig 1941. 366 S. – Neuausg. Stuttgart 1952. 355 S.

Durand, Sophie Cohonset: Mémoires sur Napoléon et Marie-Louise, 1810–1814. Paris 1886. 360 S. – Dt.: Napoleon I. und sein Hof. Napoleon und Marie Luise, 1810–1815. Memoiren. Köln 1887. VIII, 328 S. (Memoiren-Bibliothek. 4)

Chaptal de Chanteloup, Jean Antoine Claude comte: Mes souvenirs sur Napoléon. Publiés par v^{te} A. Chaptal. Paris 1893. 413 S.

Méneval, Claude François baron de: Mémoires pour servir à l'histoire de Napoléon Ier, depuis 1802 jusqu'à 1815. 3 Bde. Paris 1894

Napoleon's last voyages. Being the diaries of Admiral Sir Thomas Ussher (on board the «Undaunted») and John R. Glover (on board the «Northumberland»). London 1895. 203 S. – Neuausg. With introduction and notes by John Holland Rose. New York 1906. 247 S. – Dt. Auszug: Von Frejus nach Elba. Reisebericht des mit der Überführung Napoleons beauftragten englischen Capitäns Ussher. Hg. von Otto Simon. Amsterdam 1894. 83 S.

Gourgaud, Gaspard de: Sainte-Hélène. Journal inédit de 1815 à 1818. Avec préface et notes de v^{te} de Grouchy et A. Guillois. 2 Bde. Paris 1899 – Verb. Neuausg.: Journal de Sainte-Hélène. Publié d'après le texte original avec introduction et notes par Octave Aubry. 2 Bde. Paris 1944 – Dt.: Napoleons Gedanken und Erinnerungen. St. Helena 1815–18. Dt. bearb. von Heinrich Conrad. Stuttgart 1901. XVI, 356 S. (Memoiren-Bibliothek) – Auszug: Erinnerungen und Gedanken. St. Helena 1815–1818. München 1961. 182 S. (Goldmanns gelbe Taschenbücher. 792)

[Stokoe, John:] Napoléon prisonnier. Mémoires d'un médecin de l'empereur à Sainte-Hélène. [Hg. von] Paul Frémeaux. Paris 1901. XXI, 259 S. – Engl.: With Napoleon at St. Helena. Being the memoirs of Dr. John Stokoe, naval surgeon. London, New York 1902. VI, 257 S.

Fleury de Chaboulon, Pierre Alexandre Édouard: Mémoires pour servir à l'histoire de la vie privée, du retour et du règne de Napoléon en 1815. Avec annotations manuscrites de Napoléon Ier. Publié par Lucien Cornet. 2 Bde. Paris 1901 – Dt.: Aus der Umgebung Bonapartes. Von Elba nach Waterloo. Aufzeichnungen über das Privatleben und die Regierung Napoleons im Jahre 1815. Bearb. und hg. von Frh. Burghard von Cramm. Berlin 1910. 351 S.

Boigne, Charlotte comtesse de: Récits d'une tante. Mémoires, publiés d'après le manuscrit original par Charles Nicoullaud. 4 Bde. Paris 1907–1908 – Engl.: Memoirs. 3 Bde. New York 1907–1908

Napoleon and his fellow travellers. Being a reprint of certain narratives of the voyages of the dethroned emperor on the Bellerophon and the Northumberland to exile in St. Helena. The romantic stories told by George Home, Captain Ross, Lord Lyttleton, and William Warden. Ed. with introduction and notes by Clement Shorter. London, New York 1908. XXIV, 341 S. – Dt.: Mit Napoleon nach St. Helena. Berichte über die Reise des Kaisers an Bord der «Bellerophon» und der «Northumberland» und die erste Zeit seiner Verbannung auf St. Helena. Hg. von Clement Shorter. Berlin 1910. 256 S.

Fain, Agathon Jean François baron: Mémoires. Avec une introduction et des notes par P. Fain. Paris 1908. XVI, 372 S. – Dt.: Neun Jahre Napoleons Sekretär, 1806–1815. Memoiren. Hg. von ERNST KLARWILL. Berlin 1926. 301 S., Taf.

RŒDERER, PIERRE LOUIS COMTE DE: Autour de Bonaparte. Journal. Notes intimes et politiques d'un familier des Tuileries. Introduction et notes par MAURICE VITRAC. Paris 1909. XIII, 356 S. (Bibliothèque du vieux Paris) – Dt.: Aus der Umgebung Bonapartes. Tagebuch. Persönliche und politische Notizen eines Vertrauten der Tuilerien. Mit einer Einl. und Bemerkungen von MAURICE VITRAC. Berlin 1909. XVI, 376 S., Abb.

CHLAPOWSKI, DEZYDERY BARON: Als Ordonnanzoffizier Napoleons in den Kriegen 1806–1813. Erinnerungen. Berlin 1910. 248 S.

LOWE, HUDSON: Dans la chambre de Napoléon mourant. Journal inédit sur l'agonie et la mort de l'empereur. [Hg. von] PAUL FRÉMEAUX. Paris 1910. 245 S. – Dt.: Der sterbende Napoleon. Unveröffentlichtes Tagebuch. Hg., eingel. und mit einem Anhang versehen von PAUL FRÉMEAUX. Berlin 1911. 213 S.

KIELMANNSEGGE, AUGUSTE CHARLOTTE GRÄFIN VON: Memoiren über Napoleon I. Hg. von GERTRUDE ARETZ. Dresden, Berlin 1927. XXXV, 381 S., Taf.

MARCHAND, LOUIS JOSEPH NARCISSE: Mémoires. Publiés d'après le manuscrit original par JEAN BOURGUIGNON. 2 Bde. Paris 1952–1955

DUMONCEAU, FRANÇOIS COMTE: Mémoires, 1790–1811. Publiés d'après le manuscrit original par JEAN PURAYE. Bruxelles 1958. XV, 388 S., Taf. (Collection Au cœur de l'histoire)

BERTRAND, HENRI GRATIEN: Cahiers de Sainte-Hélène. [1816–1821.] Manuscrit déchiffré et annoté par PAUL FLEURIOT DE LANGLE. 3 Bde. Paris 1959

Napoleons Untergang. Ausgewählte Memoirenstücke. Hg. von FRIEDRICH M. KIRCHEISEN. 4 Bde. Stuttgart 1911–1914 (Memoiren-Bibliothek)

Leben auf Sankt Helena. Nach den auf Sankt Helena 1815–1821 geführten französischen und englischen Tagebüchern chronologisch zusammengestellt von HEINRICH CONRAD. 3 Bde. Stuttgart 1913 (Napoleons Leben. Erg.bde.)

Napoleon auf St. Helena. Denkwürdigkeiten des Kammerherrn GRAFEN LAS CASES, des Generals GRAFEN MONTHOLON, des Generals BARON VON GOURGAUD und der Leibärzte O'MEARA und ANTOMMARCHI. Freiburg i. B. 1914. XIII, 284 S., Abb. (Bibliothek wertvoller Denkwürdigkeiten. 3)

Napoleons Gefangenschaft und Tod. Sankt-Helena-Erinnerungen. [Hg. von] PAUL ARETZ. Dresden 1921. 322 S.

SAVANT, JEAN: Napoléon raconté par les témoins de sa vie. Paris 1954. 459 S. – Engl.: Napoleon in his time. New York 1958. 440 S.

CASTELOT, ANDRÉ: Le drame de Sainte-Hélène. Paris 1959. 558 S. (L'histoire vue par les témoins)

Napoleons Rußlandfeldzug in Augenzeugenberichten. Hg. von ECKART KLESSMANN. Düsseldorf 1964. 414 S.

c) Bildbände

Napoléon. La république, le consulat, l'empire, Sainte-Hélène. Paris 1895

KIRCHEISEN, FRIEDRICH M.: Napoléon I. und das Zeitalter der Befreiungskriege in Bildern. München, Leipzig 1914. XII, 340 S. mit 600 Abb.

Napoléon. Paris 1960. 302 S., Abb. (Collection Génies et réalités)

CIANA, ALBERT: Napoléon. Autographes, manuscrits, signatures. Paris 1939. 109 S., Abb. (Bibliothèque de l'amateur d'autographes et de manuscrits. 1)

4. Gesamtdarstellungen

a) Napoleonische Epoche

THIERS, ADOLPHE: Histoire du consulat et de l'empire. 20 Bde. (in 8). Paris 1845–1862 – Dt.: Geschichte des Consulats und des Kaiserthums. 20 Bde. (in 8). Leipzig 1845–1862

SOREL, ALBERT: L'Europe et la révolution française. 8 Bde. Paris 1885–1904

TAINE, HIPPOLYTE: Le régime moderne. 2 Bde. Paris 1891–1894. III, 448; XV, 406 S. (Taine, Les origines de la France contemporaine) – Dt.: Die Entstehung des modernen Frankreich. Bd. 3. Meersburg 1936. XV, 757 S. – Auszug: Napoleon. Hg. und eingel. von HANS LANDSBERG. Berlin 1909. VI, 102 S. (Napoleon-Bibliothek)

AULARD, ALPHONSE: Histoire politique de la révolution française. Origines et développement de la démocratie et de la république (1789–1804). 2 Bde. (in 1). Paris 1901. XII, 807 S. – Dt.: Politische Geschichte der Französischen Revolution. Entstehung und Entwicklung der Demokratie und der Republik (1789–1804). 2 Bde. (in 1). München, Leipzig 1924. XXII, 774 S.

LANZAC DE LABORIE, LÉON DE: Paris sous Napoléon. 8 Bde ·Paris 1905–1913

WAHL, ADALBERT: Geschichte des europäischen Staatensystems im Zeitalter der Französischen Revolution und der Freiheitskriege (1789–1815). München, Berlin 1912. IX, 266 S. (Handbuch der mittelalterlichen und neueren Geschichte. Abt. 2)

PARISET, GEORGE: Le consulat et l'empire, 1799–1815. Paris 1921. IV, 444 S. (Histoire de France contemporaine depuis la révolution jusqu'à la paix de 1919. Publiée par ERNEST LAVISSE. Bd. 3)

BOURGIN, GEORGES: Napoleon und seine Zeit. Stuttgart, Gotha 1925. VIII, 151 S. (Weltgeschichte in gemeinverständlicher Darstellung. Bd. 7, 2)

Die Französische Revolution. Napoleon und die Restauration. 1789–1848. Berlin 1929. XXIV, 599 S. (Propyläen-Weltgeschichte. Bd. 7) [Darin: FRANZ SCHNABEL, Das Zeitalter Napoleons, 1799–1815, S. 115–248 mit Abb.]

MADELIN, LOUIS: Histoire du consulat et de l'empire. 16 Bde. Paris 1937 –1954

FUGIER, ANDRÉ: La révolution française et l'empire napoléonien. Paris 1954. 422 S. (Histoire des relations internationales. 4)

ANDREAS, WILLY: Das Zeitalter Napoleons und die Erhebung der Völker. Heidelberg 1955. 684 S.

GERSHOY, LEO: The French Revolution and Napoleon. With new annotated bibliography. New York 1964. XIII, 584 S.

Deutschland unter Napoleon in Augenzeugenberichten. Hg. von ECKART KLESSMANN. Düsseldorf 1965. 432 S., Abb.

b) Napoleon

LANFREY, PIERRE: Histoire de Napoléon Ier. 5 Bde. Paris 1867–1875 – Dt.: Geschichte Napoleons des Ersten. 5 Bde. Berlin 1869–1876

FOURNIER, AUGUST: Napoleon I. Eine Biographie. 3 Bde. (in 1). Leipzig, Wien, Prag 1886–1889. XII, 242; X, 255; VII, 304 S. – 4. Aufl. 3 Bde. Wien, Leipzig 1922

MEYNIEL, LÉON: Napoléon Ier. Sa vie, son œuvre. D'après les travaux historiques les plus récents. Paris 1890. VIII, 270 S.

SLOANE, WILLIAM MILLIGAN: Life of Napoleon Bonaparte. 4 Bde. New York, London 1896

ROLOFF, GUSTAV: Napoleon I. Berlin 1900. 215 S. (Vorkämpfer des Jahrhunderts. 3) – Veränd. Neuaufl. Gotha 1925. 200 S., 16 Taf.

Napoleon I. Hg. von JULIUS V. PFLUGK-HARTUNG. 2 Bde. Berlin 1900–1901. VIII, 558; XIV, 499 S. mit zahlr. Abb.

ROSE, JOHN HOLLAND: The life of Napoleon I. 2 Bde. London 1901 – Neuaufl. 1929 – Dt.: Napoleon I. Unter Benutzung neuen Materials aus dem britischen Staatsarchiv. 2 Bde. Stuttgart 1906. XI, 503; IV, 623 S.

LENZ, MAX: Napoleon. Bielefeld 1905. 199 S., Abb. (Monographien zur Weltgeschichte. 24) – 2. verb. Aufl. Bielefeld, Leipzig 1908. III, 208 S., Abb.

KLEIN-HATTINGEN, OSKAR: Napoleon der Erste. Eine Schilderung des Mannes und seiner Welt. 2 Bde. Berlin 1908–1910. VIII, 647; VI, 794 S.

HASSALL, ARTHUR: The life of Napoleon. London 1911. XV, 321 S., Abb.

KIRCHEISEN, FRIEDRICH M.: Napoleon I. Sein Leben und seine Zeit. 9 Bde. München, Leipzig 1911–1934 [Zahlr. Abb.]

WHEELER, HAROLD FELIX BAKER: The story of Napoleon. London 1912. 319 S.

FISHER, HERBERT: Napoleon. London 1913. V, 256 S. (Home University library of modern knowledge. 61)

KÜHN, JOACHIM: Napoleon. Berlin 1920. 430 S. (Menschen in Selbstzeugnissen und zeitgenössischen Berichten)

KIRCHEISEN, FRIEDRICH M.: Napoleon I. Ein Lebensbild. 2 Bde. Stuttgart, Berlin 1927–1929. VIII, 371; VI, 431 S., Taf.

DRIAULT, ÉDOUARD: L'immortelle épopée du drapeau tricolore. Napoléon-le-Grand, 1769–1821. 3 Bde. Le Chesnay 1930

BAINVILLE, JACQUES: Napoléon. Paris 1931. 592 S. (Les grandes études historiques) – Dt.: Napoleon. München 1950. 567 S.

BELLOC, HILAIRE: Napoleon. London 1932. IX, 454 S.

LEFEBVRE, GEORGES: Napoléon. Paris 1935. 606 S. (Peuples et civilisations. Histoire générale. Bd. 14) – 4. erw. Aufl. 1953. 610 S.

AUBRY, OCTAVE: Napoléon. Paris 1936. 384 S. – Dt.: Napoleon. Erlenbach-Zürich, Leipzig 1948. 439 S., Abb.

VILLAT, LOUIS: La révolution et l'empire (1789–1815). Bd. 2. Napoléon (1799–1815). Paris 1936. 360 S. (Collection Clio) – Neuaufl. 1947. CVIII, 357 S.

TARLÉ, EUGÈNE: Napoléon. Paris 1937. 496 S. [Übers. aus dem Russ.] – Dt.: Napoleon. Berlin 1959. 588 S.

LUCAS-DUBRETON, JEAN: Napoléon. Paris 1942. 263 S. (Connaissance de l'histoire)

D'ESTRE, HENRY [d. i. Henri Xavier Dufestre]: Bonaparte. [1769–1799.] 3 Bde. Paris 1942–1946

BRYANT, ARTHUR: Years of victory, 1802–1812. London 1944. XII, 499 S.

GAILLARD, JEAN: Napoléon. Paris 1949. 310 S.

CALMETTE, JOSEPH LOUIS ANTOINE: Napoléon Ier. Paris 1952. 338 S.

THOMPSON, JAMES MATTHEW: Napoleon Bonaparte. New York 1952. IX, 463 S., Abb.

HALE, JOHN RIGBY: Napoleon. The story of his life. London 1954. 216 S., Abb.

GÖHRING, MARTIN: Napoleon. Vom alten zum neuen Europa. Göttingen 1959. 162 S. (Persönlichkeit und Geschichte. 18/19)

MARKHAM, FELIX MAURICE HIPPISLEY: Napoleon. New York 1963. XIII, 292 S., Abb.

HOHLWEIN, HANS: Napoleon Bonaparte, Kaiser der Franzosen. Stuttgart 1964. 314 S., Abb. (Erzählte Geschichte)

SCHUERMANS, ALBERT: Itinéraire général de Napoléon Ier. Préface par HENRY HOUSSAYE. Paris 1911. IX, 464 S.

Garros, Louis: Quel roman que ma vie! Itinéraire de Napoléon Bonaparte, 1769–1821. Paris 1947. 519 S.

Bonnal de Ganges, Edmund: Le génie de Napoléon. 2 Bde. Paris 1896

Rose, John Holland: The personality of Napoleon. The Lowell lectures delivered at Boston. London 1912. VI, 307 S.

Hudson, William Henry: The man Napoleon. London 1915. 242 S., Abb.

Vallentin, Berthold: Napoleon. Berlin 1923. VIII, 528 S.

Guérard, Albert Léon: Reflection on the Napoleonic legend. New York 1924. 276 S. – Dt.: Napoleon. Wahrheit und Mythos. Dresden, Berlin 1928. 319 S.

Wilson, Robert McNair: Napoleon, the man. London 1927. XVII, 588 S., Taf.

Brice, Raoul: Le secret de Napoléon. Paris 1936. 304 S. (Bibliothèque historique) – Dt.: Das Geheimnis Napoleons. Stuttgart 1939. 330 S.

Bouhler, Philipp: Napoleon. Kometenbahn eines Genies. München 1942. 456 S., Taf.

Bertaut, Jules: Napoléon ignoré. Paris 1951. 300 S. (Présence de l'histoire)

Olivier-Martin, Felix Marie: L'inconnu. Essai sur Napoléon Bonaparte. Paris 1952. 280 S. (Grands figures, nouveaux visages)

Savant, Jean: Tel fut Napoléon. Paris 1953. 332 S. (Tels qu'ils furent) – Dt.: Napoleon wie er wirklich war. Bern 1955. 296 S.

Friedrich, Hans Eberhard: Napoleon I. Mensch, Idee, Staat. Rastatt/Baden 1958. XI, 195 S.

5. Einzeldarstellungen

a) Familie, Jugend

Masson, Frédéric: Napoléon et sa famille. 13 Bde. Paris 1900–1919

Geer, Walter: Napoleon and his family. The story of a Corsican clan. 3 Bde. New York 1927–1929

Aretz, Gertrude: Glanz und Untergang der Familie Napoleons. Wien, Leipzig, Olten 1937. 608 S., Taf.

Wencker-Wildberg, Friedrich: Das Haus Napoleon. Geschichte eines Geschlechts. Stuttgart 1939. XVI, 336 S., Taf.

Williams, Hugh Noel: The women Bonapartes. The mother and the three sisters of Napoleon I. 2 Bde. London 1908

Wilson, Robert McNair: Napoleon's mother. London 1933. XVII, 259 S.

Chuquet, Arthur: La jeunesse de Napoléon. 3 Bde. Paris 1897–1899

Browning, Oscar: Napoleon, the first phase. Some chapters on the boyhood and youth of Bonaparte, 1769–1793. London, New York 1905. 315 S., Taf.

Masson, Frédéric: Napoléon dans sa jeunesse, 1769–1793. Paris 1922. X, 393 S., Taf.

Fischer, Gerhard: Der junge Napoleon. Berlin 1939. 248 S. (Schriften der kriegsgeschichtlichen Abt. im Historischen Seminar der Friedrich-Wilhelms-Universität Berlin. 27)

Bartel, Paul: La jeunesse inédite de Napoléon, d'après de nombreux documents. Paris 1954. 280 S. (Présence d'histoire)

b) Privatleben

Lévy, Arthur: Napoléon intime. Paris 1893. XII, 656 S. – Erw. Neuausg.: Napoléon intime d'après des documents nouveaux. L'empereur dans sa vie privée. 3 Bde. Paris 1928–1932 – Engl.: The private life of Napoleon. 2 Bde. New York 1894

Masson, Frédéric: Napoléon chez lui. La journée de l'empereur aux Tuileries. Paris 1893. XXIX, 355 S., Taf. – Dt.: Napoleon I. zu Hause. Der Tageslauf in den inneren Gemächern der Tuilerien. Leipzig 1895. 303 S., Taf.

Geer, Walter: Napoleon the First. An intimate biography. New York 1921. XVI, 390 S.

Cabanès, Auguste: Dans l'intimité de l'empereur. Paris 1924. VIII, 503 S., Abb.

Cabanès, Auguste: Au chevet de l'empereur. Paris 1924. 445 S., Abb.

Aubry, Octave: Napoléon et son temps. Bd. 1. Le «ménage de Napoléon». Paris 1936. XII, 278 S. (L'histoire et les hommes) – Dt.: Napoleon und seine Zeit. Erlenbach-Zürich, Leipzig 1938. 283 S., Taf.

Aubry, Octave: Vie privée de Napoléon. Paris 1939. X, 442 S. (Collection L'histoire) – Dt.: Napoleon privat. Erlenbach-Zürich, Leipzig 1940. 480 S., Taf.

Dard, Émile: Dans l'entourage de l'empereur. Paris 1940. 282 S.

Bertaut, Jules: Napoléon Ier aux Tuileries. Paris 1949. 304 S. (Le rayon d'histoire)

Terrasse, Charles: Napoléon à Fontainebleau. Paris 1952. 214 S., Taf.

Tomiche, Nada: Napoléon écrivain. Paris 1952. 347 S.

Healey, F. G.: The literary culture of Napoleon. Genève 1959. 172 S.

Kemble, James: Napoleon immortal. The medical history and private life of Napoleon Bonaparte. London 1959. 307 S., Abb.

Masson, Frédéric: Napoléon et les femmes. Paris 1894. XXXI, 334 S. – Dt.: Napoleon I. und die Frauen. Leipzig 1895. 274 S.

Hopkins, Tighe: The women Napoleon loved. London 1910. VIII, 316 S.

Kircheisen, Gertrude: Die Frauen um Napoleon. München, Leipzig 1912. XII, 471 S., 211 Abb. – Neuaufl. u. d. Namen: Gertrude Aretz. Bern 1946. 343 S., Abb.

Savant, Jean: Les amours de Napoléon. Paris 1956. 301 S.

Delderfield, Ronald Frederick: Napoleon in love. London 1959. 254 S., Abb. – Dt.: Napoleon und das zarte Geschlecht. Stuttgart 1960. 290 S., Taf.

Masson, Frédéric: Joséphine, impératrice et reine. Paris 1899. 464 S. – Dt.: Die verstoßene Josephine, Gemahlin Napoleons I. (1809–1814). Leipzig 1902. 278 S.

Geer, Walter: Napoleon and Josephine. The rise of the empire. New York 1924. XXI, 395 S.

Aubry, Octave: Le roman de Napoléon. Bd. 1. Bonaparte et Joséphine. Paris 1927. 284 S. – Engl.: The emperor falls in love. The romance of Josephine and Napoleon. New York, London 1928. 304 S.

Wilson, Robert McNair: Josephine, the portrait of a woman. London 1930. XI, 331 S.

Grégoire, Louis: Le «divorce» de Napoléon et de l'impératrice Joséphine. Étude du dossier canonique. Paris 1957. 244 S. (Bibliothèque de la Faculté de droit canonique de Paris)

Lévy, Arthur: Histoires intimes du temps du Ier empire. Napoléon et Eugène de Beauharnais. Paris 1926. 339 S.

Masson, Frédéric: L'impératrice Marie-Louise, 1809–1815. Paris 1902. XI, 628 S.

Geer, Walter: Napoleon and Marie-Louise. The fall of the empire. New York 1925. XIX, 337 S.

Bertaut, Jules: Marie-Louise, femme de Napoléon Ier, 1791–1847. Paris 1952. 281 S. (Présence de l'histoire)

Aubry, Octave: Le grand amour caché de Napoléon (Marie Walewska). Paris 1925. 316 S. (Les grands études historiques) – Engl.: The empress might-have-been. The love story of Marie Valevska and Napoleon. New York, London 1927. 351 S.

Wilson, Robert McNair: Napoleon's love story. (Napoleon and Marie Walewska.) London 1933. 267 S.

Aretz, Gertrude: Napoleon und Gräfin Walewska. Wien, Leipzig, Olten 1937. 178 S., Taf.

Saunders, Edith: Napoleon and Mademoiselle George. London, New York 1958. 248 S., Abb.

c) Politische Anfänge Napoleons

Vandal, Albert: L'avènement de Bonaparte. 2 Bde. Paris 1902–1907

Young, Norwood: The growth of Napoleon. A study in environment. London 1910. XII, 418 S.; Taf.

Aubry, Octave: Quand la France attendait Napoléon. Paris 1952. 254 S. (L'histoire en flamant)

Thiry, Jean: Napoléon Bonaparte. L'avènement de Napoléon. Paris 1959. 302 S.

Thiry, Jean: Le coup d'état du 18 brumaire. Paris 1947. 279 S.

Ollivier, Albert: Le dix-huit brumaire, 9 novembre 1791. Paris 1959. 295 S., Abb.

Herrmann, Alfred: Der Aufstieg Napoleons. Krieg und Diplomatie vom Brumaire bis Lunéville. Berlin 1912. XXVII, 751 S.

d) Napoleon als Staatsmann

Lévy, Arthur: Napoléon et la paix. Paris 1902. VI, 663 S.

Rose, John Holland: Napoleonic studies. London 1904. XII, 398 S.

Klein, Hubert: Napoleon und die Presse. Napoleons Kampf gegen die Presse 1799–1805. Bonn 1918. 125 S.

Mowat, Robert Balmain: The diplomacy of Napoleon. London 1924. VIII, 315 S.

Butterfield, Herbert: The peace tactics of Napoleon, 1806–1808. Cambridge 1929. VIII, 395 S.

Dard, Émile: Napoléon et Talleyrand. Paris 1935. XX, 420 S. – Dt.: Napoleon und Talleyrand. Gießen 1938. 520 S., Abb.

Deutsch, Harold C.: The genesis of Napoleonic imperialism. Cambridge, London 1938. XXII, 460 S. (Harvard historical studies. 41)

Jouvenel, Bertrand de: Napoléon et l'économie dirigée. Le blocus continental. Paris 1942. XIII, 422 S.

d'Hauterive, Ernest: Napoléon et sa police. Paris 1944. 344 S. (Collection L'histoire)

Viennet, Odette: Napoléon et l'industrie française. La crise de 1810–1811. Préface de Marcel Dunan. Paris 1947. 342 S.

Holtman, Robert B.: Napoleonic propaganda. Baton Rouge 1950. XV, 272 S.

Piétri, François: Napoléon et le parlement ou la dictature enchaînée. Paris 1955. 343 S.

Lachouque, Henry: Bonaparte et la cour consulaire. Paris 1958. 253 S., Abb.

Chanson, Paul: Lafayette et Napoléon. Lyon 1958. 350 S. (Collection Actualités d'autrefois)

ANDREAS, WILLY: Napoleon. Entwicklung – Umwelt – Wirkung. Konstanz 1962. 207 S., Taf.

e) Stellung zu Religion und Kirche

D'HAUSSONVILLE, JOSEPH COMTE: L'église romaine et le premier empire, 1800 –1814. 5 Bde. Paris 1868–1869

GEOFFROY DE GRANDMAISON, CHARLES ALEXANDRE: Napoléon et les cardinaux noirs (1810–1814). Paris 1895. IV, 291 S.

WELSCHINGER, HENRI: Le pape et l'empereur, 1804–1815. Paris 1905. IV, 473 S.

RINIERI, ILARIO: Napoleone e Pio VII., 1804–1813. 2 Bde. Torino 1906

BASTGEN, HUBERT: Dalbergs und Napoleons Kirchenpolitik in Deutschland. Paderborn 1917. X, 370 S.

LÜHRS, MARGOT: Napoleons Stellung zur Religion und Kirche. Berlin 1939. 110 S. (Historische Studien. 359)

BINDEL, VICTOR: Un rève de Napoléon. Le Vatican à Paris. (1809–1814.) Paris 1942. 206 S.

THIRY, JEAN: Le concordat et le consulat à vie, mars 1801–juillet 1802. Paris 1956. 312 S.

MELCHIOR-BONNET, BERNARDINE: Napoléon et le pape. Paris 1958. 365 S. (Présence de l'histoire)

GUERRINI, MAURICE: Napoléon devant Dieu. Profil religieux de l'empereur. Paris 1960. 315 S.

HALES, EDWARD ELTON YOUNG: The emperor and the Pope. The story of Napoleon and Pius VII. Garden City 1961. 168 S.

ANCHEL, ROBERT: Napoléon et les juifs. Paris 1928. XXXI, 598 S.

f) Napoleon als Soldat und Feldherr

YORK V. WARTENBURG, MAXIMILIAN GRAF: Napoleon als Feldherr. 2 Teile. Berlin 1885–1886 – Neuaufl. 1909. IX, 331; V, 398 S.

COLIN, J.: L'éducation militaire de Napoléon. Paris 1900. X, 507 S.

COUDERC DE SAINT-CHAMANT, HENRI: Napoléon. Ses dernières armées. Paris 1902. 577 S.

BUCQUOY, EUGÈNE LOUIS: Les gardes d'honneur du premier empire. Nancy 1908. XXIV, 487 S.

GIEHRL, HERMANN: Der Feldherr Napoleon als Organisator. Betrachtungen über seine Verkehrs- und Nachrichtenmittel, seine Arbeits- und Befehlsweise. Berlin 1911. 181 S., Abb.

VACHÉE, JEAN BAPTISTE MODESTE EUGÈNE: Napoléon en campagne. Paris 1913. VII, 215 S. – Engl.: Napoleon at work. London 1914. XX, 324 S.

MELVIN, FRANK EDGAR: Napoleon's navigation system. A study of trade control during the continental blockade. New York 1919. XV, 449 S.

OMAN, SIR CHARLES: Studies in the Napoleonic wars. London 1929. VI, 284 S.

MACDONELL, ARCHIBALD GORDON: Napoleon and his marshals. London, New York 1934. XII, 368 S. – Dt.: Napoleon und seine Marschälle. Leipzig, Wien 1936. 306 S., Abb.

THOMAZI, AUGUSTE: Napoléon et ses marins. Paris 1950. VI, 316 S.

DUPONT, MARCEL [d. i. Marcel Ernst Béchu]: Napoléon en campagne. 3 Bde. Paris 1950–1955 (Le rayon d'histoire)

QUIMBY, ROBERT S.: The background of Napoleonic warfare. The theory of military tactics in eighteenth-century France. New York 1957. VIII, 385 S. (Columbia studies in the social sciences. 596)

A military history and atlas of the Napoleonic wars. Prepared by Vincent J. Esposito and John Robert Elting. Bd. 1 ff. New York 1964–lfd.
Wiehr, E.: Napoleon und Bernadotte im Herbstfeldzuge 1813. Berlin 1893. 496 S.
Barton, Sir Dunbar Plunket: Bernadotte and Napoleon, 1763–1810. London 1921. XI, 343 S.
Scott, Franklin D.: Bernadotte and the fall of Napoleon. Cambridge 1935. 190 S. (Harvard historical monographs. 7)
Picard, Ernest: Bonaparte et Moreau. L'entente initiale. Les premiers dissentiments. La rupture. Paris 1905. XIV, 443 S.
Garçot, Maurice: Le duel Moreau – Napoléon. Paris 1951. 189 S. (L'histoire vivante)
Runciman, Sir Walter: Drake, Nelson, and Napoleon. Studies. London 1919. 373 S,

g) Außenpolitik

Bourgeois, Émile: Manuel historique de politique étrangère. 4 Bde. Paris 1900–1926 [Bd. 2: Les révolutions (1789–1830).]
Driault, Édouard: Napoléon et l'Europe. 5 Bde. Paris 1910–1927 (Bibliothèque d'histoire contemporaine)
Perl, Henry: Napoleon I. in Venetien. Nach authentischen Daten. Leipzig 1901. VI, 243 S.
Driault, Édouard: Études napoléoniennes. Napoléon en Italie (1800–1812). Paris 1906. IV, 687 S. (Bibliothèque d'histoire contemporaine)
Pingaud, Albert: La domination française dans l'Italie du Nord (1796–1805). Bonaparte, président de la République italienne. 2 Bde. Paris 1914
Ferrero, Guglielmo: Aventure. Bonaparte en Italie (1796–1797). Paris 1936. VI, 294 S. – Dt.: Abenteuer. Bonaparte in Italien (1796–1797). Bern 1950. 295 S. (Mensch und Gesellschaft. 5)
Fugier, André: Napoléon et l'Italie. Paris 1947. 374 S.
Boppe, Auguste: L'Albanie et Napoléon (1797–1814). Paris 1914. VII, 276 S.
Kircheisen, Friedrich M.: Napoleon im Lande der Pyramiden und seine Nachfolger, 1798–1801. München 1918. XII, 356 S., 100 Abb.
Herold, J. Christopher: Bonaparte in Egypte. New York 1962. 424 S., Abb.
Coquelle, Pierre: Napoléon et l'Angleterre, 1803–1813, d'après des documents inédits. Paris 1904. IV, 295 S. – Engl.: Napoleon and England, 1803–1813. A study from unprinted documents. London 1904. XIX, 288 S.
Wheeler, Harold, und Alexander Broadley: Napoleon and the invasion of England. The story of the great terror. 2 Bde. London, New York 1908
Philippson, Martin: Die äußere Politik Napoleons I. Der Friede von Amiens, 1802. Leipzig 1913. 108 S.
Rose, John Holland: Pitt and Napoleon. Essays and letters. London 1912. VII, 343 S.
Nicolay, Fernand: Napoléon Ier. au camp de Boulogne, d'après de nombreux documents inédits. Paris 1907. 455 S. – Engl.: Napoleon at the Boulogne Camp. New York 1907. X, 400 S.
Bottet, Maurice: Napoléon aux camps de Boulogne. La côte de fer et les flottilles. Paris 1914. 312 S.
Ebbinghaus, Therese: Napoleon, England und die Presse (1800–1803). München, Berlin 1914. XV, 211 S. (Historische Bibliothek. 55)

BRANDT, OTTO: England und die Napoleonische Weltpolitik 1800–1803. Heidelberg 1916. XVIII, 231 S. (Heidelberger Abhandlungen zur mittleren und neueren Geschichte. 48) – 2. verb. Aufl. 1916. XX, 282 S.

LEWIS, MICHAEL ARTHUR: Napoleon and his British captives. London 1962. 317 S., Abb.

GUILLON, ÉDOUARD LOUIS MAXIME: Napoléon et la Suisse, 1803–1815, d'après les documents inédits des affaires étrangères. Paris 1910. VI, 370 S.

DRIAULT, ÉDOUARD: Études napoléoniennes. La politique orientale de Napoléon, 1806–1808. Paris 1904. 410 S. (Bibliothèque d'histoire contemporaine)

ROLOFF, GUSTAV: Die Orientalpolitik Napoleons I. Weimar 1916. 100 S. (Orient-Bücherei. 16)

PURYEAR, VERNON J.: Napoleon and the Dardanelles. Berkeley, Los Angeles 1951. 437 S.

VANDAL, ALBERT: Napoléon et Alexandre Ier. L'alliance russe sous le premier empire. 3 Bde. Paris 1891–1896

FISHER, HERBERT A. L.: Studies in Napoleonic statesmanship. Germany. Oxford 1903. X, 392 S.

SERVIÈRES, GEORGES: L'Allemagne française sous Napoléon Ier. Paris 1904. VIII, 492 S.

LESAGE, CHARLES: Napoléon Ier, créancier de la Prusse, 1807–1814. Paris 1924. XVIII, 366 S.

LANGSAM, WALTER CONSUELO: The Napoleonic wars and German nationalism in Austria. New York 1930. 241 S.

ROBERT, ANDRÉ: L'idée nationale autrichienne et les guerres de Napoléon. Paris 1933. XIX, 603 S. (Bibliothèque d'histoire contemporaine)

HANDELSMAN, MARCELI: Napoléon et la Pologne (1806–1807). Paris 1909. IV, 280 S. (Bibliothèque d'histoire contemporaine)

BALAGNY, DOMINIQUE EUGÈNE PAUL: Campagne de l'empereur Napoléon en Espagne (1808–1809). 5 Bde. Paris 1902–1907

GEOFFROY DE GRANDMAISON, CHARLES ALEXANDRE: L'Espagne et Napoléon. 3 Bde. Paris 1908–1931

CONARD, PIERRE: Napoléon et la Catalogne, 1808–1814. Bd. 1. La captivité de Barcelone. Paris 1910. XLIV, 461 S.

FUGIER, ANDRÉ: Napoléon et l'Espagne, 1799–1808. 2 Bde. Paris 1930. XLIV, 406; 494 S. (Bibliothèque d'histoire contemporaine)

DUNDULIS, BRONIUS: Napoléon et Lituanie en 1812. Paris 1940. 344 S.

ROLOFF, GUSTAV: Die Kolonialpolitik Napoleons I. München, Leipzig 1899. XIV, 257 S. (Historische Bibliothek. 10)

BESSON, MAURICE, und ROBERT CHAUVELOT: Napoléon colonial. Paris 1939. 248 S.

h) Einzelne Kriege und Schlachten

HERRMANN, ALFRED: Marengo. Münster 1903. 256 S.

DESBRIÈRE, ÉDOUARD: La campagne maritime de 1805. Trafalgar. Paris 1907. 389 S. – Engl.: The naval campaign of 1805. Trafalgar. 2 Bde. Oxford 1933

CORBETT, SIR JULIAN STAFFORD: The campaign of Trafalgar. London, New York 1910. XVI, 473 S.

THOMAZI, AUGUSTE: Trafalgar. Paris 1932. 199 S., Taf. (Bibliothèque historique)

PETRE, F. LORAINE: Napoleon's conquest of Prussia, 1806. London 1907. XXIII, 319 S.

Petre, F. Loraine: Napoleon's campaign in Poland, 1806–7. A military history of Napoleon's first war with Russia. London 1901. XXIII, 339 S.

Saski, Charles Gaspard Louis: Campagne de 1809 en Allemagne et en Autriche. 3 Bde. Paris 1899–1902

Petre, F. Loraine: Napoleon and the Archduke Charles. A history of the Franco-Austrian campaign in the value of the Danube in 1809. London 1908. XI, 413 S., Taf.

Margueron, Louis Joseph: Campagne de Russie. 4 Bde. Paris 1897–1906

George, Hereford B.: Napoleon's invasion of Russia. London 1899. XV, 451 S.

Fabry, Gabriel Joseph: Campagne de Russie (1812). 5 Bde. Paris 1900–1903

Belloc, Hilaire: Napoleon's campaign of 1812, and the retreat from Moscow. London, New York 1926. VIII, 284 S.

Tarlé, Eugène: La campagne de Russie 1812. Paris 1941. 270 S. [Übers. aus dem Russ.] – Dt.: Napoleon in Rußland 1812. Zürich 1944. 384 S.

Heath, Phoebe Anne: Napoleon I. and the origins of the Anglo-American war of 1812. Toulouse 1929. 374 S. (Bibliothèque franco-américaine. 6)

Geschichte der Befreiungskriege 1813–1815. 4 Teile (in 9 Bden.). Berlin 1903–1909

Petre, F. Loraine: Napoleon's last campaign in Germany, 1813. London 1912. XIII, 403 S.

Houssaye, Henry: 1814. Paris 1888. VIII, 647 S. – Erw. Aufl. 1899. VIII, 651 S. – Engl.: Napoleon and the campaign of 1814. London 1914. XV, 521 S.

Lefebvre de Béhaine, François: La campagne de France. Introduction par Frédéric Masson. 4 Bde. Paris 1913–1935

Lachouque, Henry: Napoléon en 1814. Paris 1959. 462 S., Abb.

i) Elba, Die hundert Tage, Waterloo

Browning, Oscar: The fall of Napoleon. London, New York 1907. VIII, 327 S., Taf.

Thiry, Jean: La chute de Napoléon. 7 Bde. Paris 1938–1945

Houssaye, Henry: 1815. 3 Bde. Paris 1893–1905 – Engl. [Gekürzt]: 1815. Waterloo. London 1900. XIV, 455 S.

Young, Norwood: Napoleon in exile: Elba (1814–1815). London 1914. 349 S., Taf.

Bartel, Paul: Napoléon à l'île d'Elbe. Préface de Jacques Bardoux. Paris 1947. IX, 370 S.

Christophe, Robert: Napoléon, empereur d'île d'Elbe. Paris 1959. 318 S.

Manceron, Claude: Le dernier choix de Napoléon, 14 juillet 1815. Paris 1960. 250 S. (Ce jour là)

Godlewski, Guy: Trois cents jours d'exile. Napoléon à l'île d'Elbe. Préface de Marcel Dunan. Paris 1961. 284 S., Abb.

Le Gallo, Émile: Le cents jours. Essai sur l'histoire intérieure de la France depuis le retour de l'île d'Elbe jusqu'à la nouvelle de Waterloo. Paris 1924. 541 S.

Sieburg, Friedrich: Napoleon. Die hundert Tage. Stuttgart 1956. 441 S.

Becke, Archibald Frank: Napoleon and Waterloo. The emperor's campaign with the Armée du Nord, 1815. A strategical and tactical study. 2 Bde. London 1914 – Veränd. Neuaufl. 1 Bd. 1936. XV, 320 S.

Lenient, E.: La solution des énigmes de Waterloo. 2 Bde. Paris 1915–1918

Regnault, Jean Charles Louis: La campagne de 1815. Mobilisation et concentration. Paris 1935. 318 S.

LEWALTER, ERNST: Waterloo oder der Epilog des Kaisertums. Berlin 1936. 295 S.

SILVESTRE, J. [d. i. Pierre Jules]: De Waterloo à Sainte-Hélène (20 juin–16 octobre 1815). La Malmaison – Rochefort – Sainte-Hélène. Paris 1904. XI, 304 S. (Bibliothèque d'histoire contemporaine)

KRÖGER, ALFRED: Die Zeitung erlebt Napoleon auf dem Wege von Elba nach St. Helena. Berlin 1939. 256 S., Taf. (Kultur und Geschichte in Dokumenten)

k) St. Helena

SEATON, ROBERT COOPER: Sir Hudson Lowe and Napoleon. London 1898. 235 S.

ROSEBERY, ARCHIBALD PHILIPP PRIMROSE LORD: Napoleon. The last phase. London 1900. VI, 261 S. – Dt.: Napoleon I. am Schluß seines Lebens. Leipzig 1901. 278 S., Abb.

GONNARD, PHILIPPE: Les origines de la légende napoléonienne. L'œuvre historique de Napoléon à Sainte-Hélène. Paris 1906. 388 S.

RUNCIMAN, SIR WALTER: The tragedy of St. Helena. London 1911. 309 S.

MASSON, FRÉDÉRIC: Napoléon à Sainte-Hélène, 1815–1821. Paris 1912. XV, 500 S. – Engl.: Napoleon at St. Helena, 1815–1821. New York 1950. XIX, 283 S.

YOUNG, NORWOOD: Napoleon in exile: St. Helena (1815–1821). 2 Bde. London 1915 [Mit zahlr. Abb.]

AUBRY, OCTAVE: Sainte-Hélène. 2 Bde. Paris 1935. 317; 337 S. (Collection L'histoire) – Dt.: Sankt Helena. 2 Bde. Erlenbach-Zürich, Leipzig 1936. 375; 416 S., Taf.

BRICE, RAOUL: Les espoirs de Napoléon à Sainte-Hélène. Paris 1938. 302 S., Abb. (Bibliothèque historique)

FLEURIOT DE LANGLE, PAUL: Napoléon et son geôlier. Paris 1952. 203 S. (La grande et la petite histoire)

GANIÈRE, PAUL: Napoléon à Sainte Hélène. 3 Bde. Paris 1957–1962 (Présence de l'histoire)

KORNGOLD, RALPH: The last years of Napoleon. His captivity on St. Helena. New York 1959. 429 S., Abb.

FRÉMEAUX, PAUL: Sainte-Hélène. Les derniers jours de l'empereur. Paris 1908. XXI, 421 S. – Dt.: Napoleons letzte Tage auf St. Helena. Berlin, München 1912. 336 S.

CHAPLIN, ARNOLD: The illness and death of Napoleon Bonaparte A medical criticism. London 1913. 112 S.

CAHUET, ALBÉRIC: Après la mort de l'empereur. Paris 1913. 317 S.

6. Wirkung

GEYL, PIETER: Napoleon voor en tegen in de Franse geschiedsschrijving. Utrecht 1946. 529 S. – Engl.: Napoleon for and against. London 1949. 477 S.

MAILAHN, WOLFGANG: Napoleon in der englischen Geschichtsschreibung von den Zeitgenossen bis zur Gegenwart. Berlin 1937. 156 S. (Schriften der kriegsgeschichtlichen Abt. im Historischen Seminar der Friedrich-Wilhelms-Universität Berlin. 21)

VALLENTIN, BERTHOLD: Napoleon und die Deutschen. Berlin 1926. 96 S.

HEGEMANN, WERNER: Napoleon oder «Kniefall vor dem Heros». Hellerau 1927. 739 S.

DECHAMPS, JULES: Sur la légende de Napoléon. Paris 1931. 276 S. (Bibliothèque de la Revue de littérature comparée. 73)

HAACK, HANNS-ERICH: Über den Nachruhm. Bonn 1951. 226 S.

STÄHLIN, FRIEDRICH: Napoleons Glanz und Fall im deutschen Urteil. Wandlungen des deutschen Napoleonbildes. Braunschweig 1952. 147 S.

SHULIM, JOSEPH ISIDORE: The Old Dominion and Napoleon Bonaparte. A study in American opinion. New York 1952. 332 S.

L'épopée napoléonienne dans la poésie française. Textes choisis et annotés par MAURICE ALLEM. Préface de FRÉDÉRIC MASSON. Paris 1912. 292 S.

Dichter um Napoleon. Eine Auswahl der Napoleonpoesie. Hg. und eingel. von FRIEDRICH WENCKER. Berlin 1913. 190 S.

CHASSE, CHARLES: Napoléon par les écrivains. Paris 1921. VI, 263 S.

DELL'ISOLA, MARIA: Napoléon dans la poésie italienne à partir de 1821. Paris 1927. 375 S.

SCHÖMANN, MILIAN: Napoleon in der deutschen Literatur. Berlin, Leipzig 1930. 87 S. (Stoff- und Motivgeschichte der deutschen Literatur. 8)

FISCHER, ANDREAS: Goethe und Napoleon. Eine Studie. 2. erw. Aufl. mit einem Anhang: Weimar und Napoleon. Frauenfeld 1900. VII, 220 S.

REDSLOB, EDWIN: Goethes Begegnung mit Napoleon. Baden-Baden 1954. 79 S., Abb.

HOLZHAUSEN, PAUL: Heinrich Heine und Napoleon I. Frankfurt 1903. IX, 292 S., Abb.

GAUTIER, PAUL: Madame de Staël et Napoléon. Paris 1903. V, 422 S.

EGGERT, GERHARD: Lord Byron und Napoleon. Leipzig 1933. X, 112 S. (Palaestra. 186)

BROADLEY, ALEXANDER: Napoleon in caricature. 1795–1821. 2 Bde. London 1911

ASHTON, JOHN: English caricature and satire on Napoleon I. 2 Bde. London 1884

SCHULZE, FRIEDRICH: Die deutsche Napoleon-Karikatur. Eine Auswahl und Würdigung der bezeichnendsten Blätter. Weimar 1916. VIII, VIII S., 12, 48 Taf.

Nachtrag zur Bibliographie

1. Bibliographien

ALBERT-SAMUEL, COLETTE: Napoléon à Sainte-Hélène. Bibliographie 1955–1971. In: Revue de l'Institut Napoléon. Nr. spéc. du cent cinquantenaire 1971. Nr. 120. S. 151–57

2. Schriften

The Journals of Bonaparte in Egypt 1798–1801. Hg. SALADIN BOUSTANY. Vol. 1–10. 1798–1801. Cairo Faks.-Neudr. 1971

Das Testament Napoleons: vollst. Faks. d. Testaments u. d. zugehörigen Dokumente in d. Archives Nationales Paris. Stuttgart 1973

3. Gesamtdarstellungen, Biographisches

BRETON, GUY: Napoleon and his ladies. London 1965

HEROLD, J. CHRISTOPHER: Der korsische Degen. Napoleon und seine Zeit. München 1966

Roux, Georges: Bonaparte. Karlsruhe 1966

Becker, Béatrice: Napoleon Buonaparte, builder or wrecker. Paris 1967

Guerrini, Maurice: Napoléon et Paris, trente ans d'histoire. Paris 1967

Sorokine, Dimitri: La jeunesse de Bonaparte. Paris 1967

Vive l'empereur. E. Napoleon-Chronik. Hg. von Heinz Georg Gotthardt. Hamburg 1967

Castelot, André: Napoléon. Vol. 1–2. Paris 1968

Gimpel, Herbert J.: Napoleon: man of destiny. New York 1968

Launay, Jacques de: Napoléon. Un portrait psychopolitique. Bruxelles 1968

Napoleon und seine Zeit. Hg. von Enzo Orlandi. Text v. Mario Rivoire. Wiesbaden 1968

Castelot, André: Histoire de Napoléon Bonaparte ... Éd. du bicentenaire. Vol. 1–10. Paris 1969

Célébration du deuxième centenaire de la naissance de Napoléon ... 24 juin 1969 ... Paris 1969

Lucas-Dubreton, Jean: Napoléon. Paris 1969

Mossiker, Frances: Napoleon und Josephine. Biographie e. Ehe. München, Zürich 1969

Napoléon. Par Jacques Godechot: Textes de Metternich u. a. Paris 1969. (Le mémorial des siècles. Siècle 19.)

Zierer, Otto: Von Korsika nach St. Helena. Napoleon und seine Zeit 1795–1815. München 1969. (Zierer: Lebendige Weltgeschichte. 18)

Ballard, Colin Robert: Napoleon; an outline. Freeport, N. Y. 1971

Brandys, Marian: Maria Walewska, Napoleons große Liebe. Frankfurt a. M. 1971

Chandler, David G.: Napoleon. London 1973

Cronin, Vincent: Napoleon. E. Biographie. Hamburg 1973

Hundertneunmal Napoleon. Miniaturen nach J. L. David. Ausst. 21. Jan.–18. Febr. 1973. Katalog. Von Klaus Hoffmann. Göttingen 1973

Mererchowski, Dmitri: Napoleon, sein Leben; Napoleon, der Mensch. München 1974

Bowle, John: Napoleon. Chicago 1975

Thiry, Jean: Les années de jeunesse de Napoléon Bonaparte: 1769–1796. Paris 1975

Jones, Richard Benjamin: Napoleon: man and myth. London 1977

Presser, Jacques: Napoleon: d. Leben u. d. Legende. Stuttgart 1977

Tulard, Jean: Napoléon: ou le myth du sauveur. Paris 1977

Barnett, Correlli: Bonaparte. New York 1978

Connelly, Owen: The epoch of Napoleon. Huntington 1978

Manfred, Albert Z.: Napoleon Bonaparte. Berlin 1978

Forshufvud, Sten: Assassication at St. Helena: the poisoning of Napoleon Bonaparte. Vancouver 1978

Gordeaux, Paul: L'Épopée amoureuse de Napoléon. Nice 1978

Martineau, Gilbert: Madame Mère: Napoleon's mother. London 1978

Marteneau, Gilbert: Napoléon à Sainte-Hélène 1815–1821. Paris 1981

Ratcliffe, Bertram: Prelude to fame: an account of the early life of Napoleon up to the battle of Montenotte. London 1981

Sutherland, Christine: Maria Walewska: Geliebte Napoleons – Gräfin Ornano. München 1981

Zierer, Otto: Kaiser Europas – Napoleon und seine Zeit. München, Berlin 1981

Durant, Will: Französische Revolution und der Aufstieg Napoleons. Frankfurt a. M., Berlin, Wien 1982

Weider, Ben: The murder of Napoleon. New York 1982

CHANDLER, DAVID G.: The campaigns of Napoleon. New York 1966

KOPELKE, WOLFDIETRICH: Ein Kaiser stirbt. Napoleon auf St. Helena. Bayreuth 1966

QUENNEVAT, JEAN CLAUDE: Atlas de la Grande armée. Napoléon et ses campagnes 1803–1815. Paris 1966

CONSTANTINI, PIERRE DOMINIQUE: Bonaparte en Palestine, au Mont Carmel, siège d'Acre, la question d'Israël, l'Europe unie. Paris 1967

HOLTMANN, ROBERT: The Napoleonic revolution. Philadelphia 1967

LACHOUQUE, HENRY: Napoleon's battles; a history of his campaigns. New York 1967

DELDERFIELD, RONALD FREDERICK: Imperial sunset; the fall of Napoleon, 1813–1814. Philadelphia 1968

LAURENT, JACQUES: Quand Napoléon occupait l'Europe, 1796–1814, Italie, Allemagne et Autriche, Portugal et Espagne, Pologne et Russie. Paris 1968

Napoléon et l'Empire 1769, 1815, 1821. T. 1 u. 2. Paris 1968

Napoleon I. und das Militärwesen seiner Zeit. Hg. von WOLFGANG VON GROOTE und KLAUS-JÜRGEN MÜLLER. Freiburg i. Br. 1968

THORNTON, MICHAEL JOHN: Napoleon after Waterloo: England and St. Helena decision. Stanford, Calif. 1968

BARTLETT, VERNON: Elba. München 1969

BÉCAT, PIERRE: Napoléon et le destin de l'Europe. Bruxelles 1969

Napoleon I. und die Staatenwelt seiner Zeit. Hg. von WOLFGANG VON GROOTE. Freiburg i. B. 1969

PALMER, ALAN WARWICK: Napoleon in Rußland. Frankfurt a. M. 1969

SPILLMANN, GEORGES: Napoléon et l'Islam. Paris 1969

THIRY, JEAN: La campagne de Russie. Paris 1969

DUHAMEL, JEAN: The fifty days; Napoleon in England. Choral Gables, Fla. 1970

MOWAT, ROBERT BALMAIN: The diplomacy of Napoleon. New York 1971

Napoleon und Europa. Hg. von HEINZ-OTTO SIEBURG. Köln, Berlin 1971. (Neue wissenschaftliche Bibliothek. 44)

TIAINEN, JONA: Napoleon und das napoleonische Frankreich in der öffentlichen Diskussion d. «Dritten Deutschlands»; 1797–1806. Jyväskylä 1971

BERDING, HELMUT: Napoleonische Herschafts- und Gesellschaftspolitik im Königreich Westfalen 1807–1813. Göttingen 1973 (Kritische Studien zur Geschichtswissenschaft. 7)

EPTON, NINA: The Spanish mousetrap. Napoleon and the court of Spain. London 1973

GLOVER, RICHARD: Britain at bay. Defence against Bonaparte, 1803–13. London 1973 (Historical problems. Studies and documents. 20)

HOFMEISTER, ROTRAUT: Das Österreichbild der napoleanischen Soldaten. Wien 1973 (Dissertation der Universität Wien. 96)

LLOYD, CHRISTOPHER: The Nile Campaign. Nelson and Napoleon in Egypt. New Abbot 1973

THIRY, JEAN: Napoléon Bonaparte. Bonaparte en Egypte. Déc. 1797–24 août 1799. Paris 1973

CARVEN, JOHN W.: Napoleon and the Lazarists. The Hague 1974

GIRGIS, SAMIR: The predominance of the Islamic tradition of leadership in Egypt during Bonaparte's expedition. Bern 1975

THEISSIER, MARCEL: Napoléon, ce pacifiste, face aux coalitions européennes. Dison 1975

DUESTERWALD, ERICH: Waterloo 1815. Diagramme einer Schlacht. Sankt Augustin 1976 (Reihe Düsterwald. 5)

KOBLER, FRANZ: Napoleon and the Jews. New York 1976

ROGERS, HUGH CUTHBERT BASSET: Die Armee Napoleons. Stuttgart 1976

BENOIST-MÉCHIN, JACQUES: Bonaparte en Égypte ou le rêve inassouvi: 1779–1801. Paris 1978

BESSAND-MASSENET, PIERRE: Quand la France attendait Bonaparte: 1794–1800. Paris 1978

MASSON, FRÉDÉRIC: Le sacre et le couronnement de Napoléon. Paris 1978

RAVIGNANT, PATRICK: Le retour de l'île d'Elbe. Genève 1978

WIERICHS, MARION: Napoleon und das «Dritte Deutschland» 1805/06. Frankfurt a. M. 1978 (Europäische Hochschulschriften. Reihe 3, Bd. 99)

COLLINS, IRENE: Napoleon and his Parliaments, 1800–1815. London 1979

HORNE, ALISTAIR: Napoleon, Master of Europe 1805–1807. New York 1979

JESCHONNEK, BERND: Waterloo 1815. Berlin 1979. (Illustrierte historische Hefte. 15)

Napoleonische Herrschaft und Modernisierung. Hg. von HELMUT BERDING. Göttingen 1980 (Geschichte und Gesellschaft. 6 (1980), H. 4)

TRANIÉ, JEAN: Napoléon et la Russie: les années victorieuses, 1805–1807. Paris 1980 (Les grands faits de l'histoire. 4)

WILKINSON-LATHAM, ROBERT: Napoleons Artillerie. Bonn 1980

ZIESENISS, CHARLES OTTO: Napoléon et la cour impériale. Paris 1980

ELLIS, GEOFFREY JAMES: Napoleon's continental blockade. Oxford 1981

MURAT, INÈS: Napoleon and the American dream. Baton Rouge 1981

Napoleon Bonaparte, Zusammenbruch der Reiche, der Wiener Kongreß. Hg. von CLAUDE SCHAEFFNER u. a. Bayreuth 1981 (Weltgeschichte in Bildern. 18)

MACKENZIE, NORMAN: The escape from Elba. Oxford 1982

SCHREIBER, HERMANN: Das Volk steht auf: Europas Befreiungskampf gegen Napoleon. Bergisch-Gladbach 1982

5. Beziehungen

SIEBURG, FRIEDRICH: Robespierre, Napoleon, Chateaubriand. Stuttgart 1967

BERGLAR-SCHRÖER, HANS PETER: Goethe und Napoleon. Die Faszination des Geistes durch die Macht. Darmstadt 1968

KLEIN, JOHANNES: Goethes Begegnung mit Napoleon. Dortmund 1968 (Dortmunder Vorträge. 88)

FREUND, MICHAEL: Napoleon und die Deutschen; Despot oder Held der Freiheit? München 1969

CHAMBERTRAND, GILBERT: Napoléon, Hitler et le soleil. Maison-Alfort 1977

EUCKEN-ERDSIEK, EDITH: Größe und Wahn: 3 Essays über Friedrich d. Großen, Napoleon, Hitler. München, Wiesbaden 1978

SCHWARZFUCHS, SIMON: Napoleon, the Jews, and the Sanhedrin. London 1979

MACGUIGAN, DOROTHY G.: Metternich, Napoleon und die Herzogin von Sagan. Wien 1979

WALDEN, RON W.: The empire builders: Frederick the Great, and Prussia, Napoleon and Europe. New York 1980

Uta Rösler-Isringhaus

NAMENREGISTER

Die kursiv gesetzten Zahlen bezeichnen die Abbildungen

Alexander III. der Große, König der Makedonen 52

Alexander I. Pawlowitsch, Zar 70, 76 f, 81 f, 90, 92 f, 97, *71*, *80*

d'Alvinzy, Baron Nicolas 31, 33

Artois, Graf von 100

Augereau, Pierre, Duc de Castiglione 29, 34, 76

Augustus, Kaiser (Gaius Octavius) 75

Bacchiochi, Élisa s. u. Marie-Anne-Élisa Bonaparte

Bagration, Fürst Pjotr I. 92

Bainville, Jacques 9, 72, 77

Balzac, Honoré de 28

Barbé-Marbois, François, Marquis de 73

Barclay de Tolly, Michail B., Fürst 92

Barras, Paul, Vicomte de 21, 24 f, 33, 42 f, 53, *23*

Beauharnais, Alexandre, Vicomte de 28

Beauharnais, Eugène de 28, 57, 70, 72, 85, 92, 95

Beauharnais, Hortense de s. u. Hortense Bonaparte

Beauharnais, Joséphine, Vicomtesse de s. u. Joséphine, Kaiserin der Franzosen

Beaulieu, Jean Pierre, Baron de 30

Bennigsen, Levin August Gottlieb, Graf von 76

Bernadotte, Désirée 18, 88, *17*

Bernadotte, Jean-Baptiste 53 f, 88

Berny, Laure-Louise-Antoinette de 28

Berthier, Louis-Alexandre, Prince de Wagram et de Neuchâtel 29, 53, 67, 74, 86, 94

Berthollet, Comte Claude-Louis 36

Bertrand, Comte Henri-Gratien 108, 111, 112

Blücher, Gebhard Leberecht, Fürst von Wahlstatt 97

Bonaparte, Caroline-Marie-Annonciade 8

Bonaparte, Charles-Marie (Carlo Buonaparte) 7 f, 12, *11*

Bonaparte, Hortense 28, 57, 72, 106

Bonaparte, Jérôme 8, 72

Bonaparte, Joseph 8 f, 18, 24, 35, 40, 42, 43, 57, 66, 70, 72 f, 81, 88, 97, 103

Bonaparte, Joséphine s. u. Joséphine, Kaiserin der Franzosen

Bonaparte, Letizia 7 f, 12, 14, 18, 35, 51, 79, 112, *11*

Bonaparte, Louis 8, 35, 57, 70, 72 f

Bonaparte, Lucien 8, 10, 14, 16, 18, 35, 43 f, 57, *14*

Bonaparte, Marie-Anne-Élisa 8, 16, 72

Bonaparte, Marie-Julie 18

Bonaparte, Marie-Pauline 8, 24, 62, 72

Borghese, Pauline, Fürstin s. u. Marie-Pauline Bonaparte

Bourrienne, Louis-Antoine Fauvelet de 39, 51

Brueys, François-Paul 38 f
Brune, Guillaume 42
Brutus, Marcus Iunius 52
Bugeaud de La Piconnerie, Thomas, Duc d'Isly 83
Byron, George Gordon Lord 113

Cabanis, Georges 48
Cadoudal, Georges 62, 65
Caesar, Gaius Iulius 41, 52, 60
Camlacérès, Jean-Jacques Régis de Duc de Parma 50, 53, 49
Campan, Mme (Jeanne-Louise Genet) 67
Carnot, Lazare 28 f, 33, 53, 105
Carteaux, General 21
Casabianca 15
Caulaincourt, Armand Augustin Louis, Marquis de, Duc de Vicence 91, 94 f, 97 f, 101
Cesari 17
Charles 32
Chateaubriand, François-René, Vicomte de 64, 104
Chateaubriand, Mme de 100
Chiappe 15
Choiseul, Étienne-François, Duc de Choiseul-Amboise 37
Clarke, Henri-Jacques-Guillaume, Duc de Feltre 33
Clary, Désirée s. u. Désirée Bernadotte
Clary, Marie-Julie s. u. Marie-Julie Bonaparte
Clary 18
Constant de Rebecque, Benjamin 104
Corneille, Pierre 13, 75, 110

Daru, Pierre-Bruno, Comte 71
Davout, Louis-Nicolas, Duc d'Auerstædt, Prince d'Eckmühl 67, 92

Decrès 70
Delmas, General 60
Desaix de Veygoux, Louis 52 f
Ducos, Roger 43 f, 46, 50
Dugommier, Jacques-François 21
Dumas (Alexandre Davy de La Pailleterie) 57
Dupont de L'Étang, Pierre-Antoine 81

d'Enghien, Louis-Antoine, Duc 64, 63

Ferdinand VII., König von Spanien 81
Fesch, Joseph, Kardinal 88, 112, 93
Fouché, Joseph, Duc d'Otrante 43, 48, 55, 63, 76, 84, 85, 105, 44
Fox, Charles James 74, 75
Franz II. Joseph Karl, Kaiser 86, 96
Friedrich II. der Große, König von Preußen 15, 75
Friedrich Wilhelm III., König von Preußen 74, 78

Gabriel, Jacques-Ange 11
Gaudin, Martin-Charles 61
Georg III. Wilhelm Friedrich, König von Großbritannien und Irland und König von Hannover 63
Georges, Mlle 67
Godlewski, Guy 17, 112
Godoy y Álvarez de Faria, Manuel 81
Goethe, Johann Wolfgang von 15, 82
Gohier, Louis-Jérôme 43
Gourgaud, Gaspard de 31, 108, 110 f

Grouchy, Emmanuel, Marquis de 106

Guibert, François Apollini, Comte de 14 f, 30

Hatzfeld, Mme de 75
Heine, Heinrich 75
Heinrich IV., König von Frankreich 54
Helvétius, Mme 45
Hobhouse, John Cam, Baron Broughton 113
Hoche, Lazare 23, 37, 42
Hugo, Victor 113
Hyde de Neuville, Jean-Guillaume 54

Joséphine, Kaiserin der Franzosen 28, 31 f, 40, 43, 51, 54, 55, 57, 62, 66, 67, 74, 85, 25, 87
Joubert, Barthélemy 42
Junot, Andoche, Duc d'Abrantès 24, 37, 80, 88, 82
Justinian I. der Große, byzantinischer Kaiser 15

Karl I. der Große, Kaiser 106
Karl IV., König von Spanien 81
Karl Ludwig Johann, Erzherzog 33, 84
Katharina, Prinzessin von Württemberg 72
Kellermann, François-Christophe, Duc de Valmy 31
Kléber, Jean-Baptiste 23, 42
Kutusow, Michail I. 92 f, 96, 95

La Fayette, Marie-Joseph, Marquis de 60 f, 74
Lannes, Jean, Duc de Montebello 67, 84

Laplace, Pierre-Simon, Marquis de 12, 36
Las Cases, Emmanuel, Comte de 31, 108 f, 114, 110
Lebrun, Charles-François, Duc de Plaisance 50, 67, 49
Leclerc, Charles 62, 72
Lespinasse, Julie de 15
Livius, Titus 29
Louvois, François Michel Le Tellier, Marquis de 40
Lowe, Sir Hudson 109, 112, 109
Ludwig XIV., König von Frankreich 59
Ludwig XV., König von Frankreich 7
Ludwig XVI., König von Frankreich 15, 18/19
Ludwig XVIII., König von Frankreich 55, 58, 99, 103, 104
Luise Auguste Wilhelmine Amalie, Königin von Preußen 74

Machiavelli, Niccolò 41, 67
Mack von Leiberich, Karl Freiherr 71
Malet, Claude-François de 93
Marbeuf, Graf 8 f, 18
Marchand, Louis Joseph Narcisse 108, 111, 112
Marie-Antoinette, Königin von Frankreich 86
Marie-Louise, Kaiserin der Franzosen 86, 90, 94, 96, 98, 100, 102, 91
Masséna, André, Duc de Rivoli, Prince d'Essling 29, 42, 52, 88
Melas, Michael, Baron von 53
Menou, Jacques de 26
Mérimée, Prosper 32
Metternich, Clemens Wenzel Nepomuk Lothar Fürst von 96, 103

Miollis, François de 80
Miot de Melito 33
Molé, Comte Louis-Mathieu 48
Mollien, Comte François-Nicolas 61
Monge, Gaspard, Comte de Péluse 36, 37
Montaigne, Michel Eyquem de 13
Montesquieu, Charles de Secondat, Baron de La Brède et de 13
Montesquiou, Mme 94
Montholon, Charles-Tristan, Comte de 108, 111, 112
Montholon, Mme de 111
Moore, Sir John 83
Moreau, Jean-Victor 52, 54, 62 f
Moulin 43
Murat, Joachim 27, 46, 80 f, 92, 94, 95, *83*

Napoléon II., König von Rom, Herzog von Reichstadt (François-Charles-Joseph Bonaparte) 86, 94, 98 f, 102, *90*
Nelson, Horatio Viscount 37 f, 58, 71, *38*
Ney, Michel, Duc d'Elchingen, Prince de la Moskova 76, 88, 92, 98, 104, 106

O'Meara, Barry Edward 112
Ouvrard, Gabriel-Julien 73, 74

Paoli, Pasquale 7, 8, 12, 17 f, 21, *12*
Patterson, Miss 72
Paul I., Zar 58
Phélippeaux, Antoine de 40
Pichegru, Charles 26, 62, 65
Pitt d. J., William 52, 58, 70, 72, 74, *51*
Pius VII., Papst 66, 88

Platon 15
Plutarch 8, 13, 29, 106

Racine, Jean 111
Ramolino, Lætitia s. u. Letizia Bonaparte
Raynal, Guillaume 12
Richelieu, Armand-Jean Du Plessis de, Kardinal 59
Robespierre, Maximilien de 21, 22 f, 25, 26, 55
Rochambeau, Jean-Baptiste Donatien de Vimeur, Comte de 62
Rœderer, Comte Pierre-Louis 52
Rostoptschin, Fjodor W. Graf 92
Rousseau, Jean-Jacques 12, 14

Saint-Denis, Ali 111
Salicetti, Antoine 15, 21, 23, 30
Schwarzenberg, Karl Philipp Fürst zu 90 f, 92, 95, 97
Ségur, Louis-Philippe, Marquis de 67
Sieyès, Emmanuel-Joseph 42 f, 48 f, 53, *42*
Smith, Sidney 40
Soult, Nicolas Jean de Dieu, Duc de Dalmatie 84
Staël-Holstein, Anne-Louise-Germaine, Baronne de 76, 106
Stendhal (Henri Beyle) 8, 9, 11, 14, 29, 31, 57, 61, 68, 69, 75, 78, 112

Tacitus, Cornelius 13, 110
Taine, Hippolyte 42
Talleyrand-Périgord, Charles-Maurice de, Prince de Bénévent 34, 37, 43, 48, 52, 62, 63, 67, 71, 82, 84, 89, 102, *45*

Tallien, Jean-Lambert 25
Talma, François-Joseph 81 f, *84*
du Teil, General 14
Themistokles 106
Thiébault, Baron 27, 33
Tolstoj, Leo N. 92

Viktor Amadeus III., König von
   Sardinien und Herzog von Sa-
   voyen 30
Villeneuve, Pierre de 70 f, 81

Voltaire (François-Marie Arouet)
   10, 55
Vox, Maximilien 32, 62, 75, 111

Walewska, Gräfin Maria 76,
   102, *78*
Washington, George 52
Wellington, Arthur Wellesley,
   Duke of 83, 88, 106, *85*
Wieland, Christoph Martin 82
Wurmser, Dagobert Siegmund
   Graf von 31, 32 f

QUELLENNACHWEIS DER ABBILDUNGEN

rowohlts bild-monographien

Jeder Band mit etwa 70 Abbildungen, Zeittafel, Bibliographie und Namenregister.

Betrifft: Geschichte, Naturwissenschaft

Geschichte

Konrad Adenauer
Gösta v. Uexküll (234)

Alexander der Große
Gerhard Wirth (203)

Augustus
Marion Giebel (327)

Michail A. Bakunin
Justus Franz Wittkop (218)

August Bebel
Helmut Hirsch (196)

Otto von Bismarck
Wilhelm Mommsen (122)

Julius Caesar
Hans Oppermann (135)

Nikita Chruschtschow
Reinhold Neumann-Hoditz (289)

Winston Churchill
Sebastian Haffner (129)

Elisabeth I.
Herbert Nette (311)

Friedrich II.
Georg Holmsten (159)

Friedrich II. von Hohenstaufen
Herbert Nette (222)

Ernesto Che Guevara
Elmar May (207)

Johannes Gutenberg
Helmut Presser (134)

Adolf Hitler
Harald Steffahn (316)

Ho Tschi Minh
Reinhold Neumann-Hoditz (182)

Wilhelm von Humboldt
Peter Berglar (161)

Jeanne d'Arc
Herbert Nette (253)

Karl der Große
Wolfgang Braunfels (187)

Karl V.
Herbert Nette (280)

Ferdinand Lassalle
Gösta v. Uexküll (212)

Wladimir I. Lenin
Hermann Weber (168)

Rosa Luxemburg
Helmut Hirsch (158)

Mao Tse-tung
Tilmann Grimm (141)

Maria Theresia
Peter Berglar (286)

Clemens Fürst von Metternich
Friedrich Hartau (250)

Benito Mussolini
Giovanni de Luna (270)

Napoleon
André Maurois (112)

Peter der Große
Reinhold Neumann-Hoditz (314)

Kurt Schumacher
Heinrich G. Ritzel (184)

Josef W. Stalin
Maximilien Rubel (224)

Freiherr vom Stein
Georg Holmsten (227)

Ernst Thälmann
Hannes Heer (230)

Josip Broz-Tito
G. Prunkl und A. Rühle (199)

Leo Trotzki
Harry Wilde (157)

Wilhelm II.
Friedrich Hartau (264)

Naturwissenschaft

Charles Darwin
Johannes Hemleben (137)

Thomas Alva Edison
Fritz Vögtle (305)

Albert Einstein
Johannes Wickert (162)

Galileo Galilei
Johannes Hemleben (156)

Otto Hahn
Ernst H. Berninger (204)

Werner Heisenberg
Armin Hermann (240)

Alexander von Humboldt
Adolf Meyer-Abich (131)

Johannes Kepler
Johannes Hemleben (183)

Alfred Nobel
Fritz Vögtle (319)

Max Planck
Armin Hermann (198)

rowohlts bild-monographien

Jeder Band mit etwa 70 Abbildungen, Zeittafel, Bibliographie und Namenregister.

Betrifft:
Philosophie

Aristoteles
J. M. Zemb (63)

Ernst Bloch
Silvia Markun (258)

Giordano Bruno
Jochen Kirchhoff (285)

Cicero
Marion Giebel (261)

René Descartes
Rainer Specht (117)

Friedrich Engels
Helmut Hirsch (142)

Erasmus von Rotterdam
Anton J. Gail (214)

Ludwig Feuerbach
H. M. Sass (269)

Erich Fromm
Rainer Funk (322)

Gandhi
Heimo Rau (172)

Georg Wilhelm Friedrich Hegel
Franz Wiedemann (110)

Martin Heidegger
Walter Biemel (200)

Johann Gottfried Herder
Friedrich Wilhelm Kantzenbach (164)

Max Horkheimer
Helmut Gumnior und Rudolf Ringguth (208)

Karl Jaspers
Hans Saner (169)

Immanuel Kant
Uwe Schultz (101)

Sören Kierkegaard
Peter P. Rohde (28)

Konfuzius
Pierre Do-Dinh (42)

Georg Lukács
Fritz J. Raddatz (193)

Karl Marx
Werner Blumenberg (76)

Friedrich Nietzsche
Ivo Frenzel (115)

Blaise Pascal
Albert Béguin (26)

Platon
Gottfried Martin (150)

Jean-Jacques Rousseau
Georg Holmsten (191)

Bertrand Russell
Ernst R. Sandvoss (282)

Max Scheler
Wilhelm Mader (290)

Friedrich Wilhelm Joseph von Schelling
Jochen Kirchhoff (308)

F. D. E. Schleiermacher
Friedrich Wilhelm Kantzenbach (126)

Arthur Schopenhauer
Walter Abendroth (133)

Sokrates
Gottfried Martin (128)

Spinoza
Theun de Vries (171)

Rudolf Steiner
Joh. Hemleben (79)

Voltaire
Georg Holmsten (173)

Ludwig Wittgenstein
Kurt Wuchterl und Adolf Hübner (275)

rowohlts bild-
monographien

Jeder Band mit etwa 70 Abbildungen, Zeittafel, Bibliographie und Namenregister.

Betrifft:
Religion,
Pädagogik,
Medizin

Religion

Sri Aurobindo
Otto Wolff (121)

Jakob Böhme
Gerhard Wehr (179)

Dietrich Bonhoeffer
Eberhard Bethge (236)

Martin Buber
Gerhard Wehr (147)

Buddha
Maurice Percheron (12)

Franz von Assisi
Ivan Gobry (16)

Ignatius von Loyola
Alain Guillermou (74)

Jesus
David Flusser (140)

Johannes der Evangelist
Johannes Hemleben (194)

Martin Luther
Hanns Lilje (98)

Mohammed
Émile Dermenghem (47)

Moses
André Neher (94)

Thomas Müntzer
Gerhard Wehr (188)

Paulus
Claude Tresmontant (23)

Ramakrischna
Solange Lemaître (60)

Albert Schweitzer
Harald Steffahn (263)

Pierre Teilhard de Chardin
Johannes Hemleben (116)

Thomas von Aquin
M.-D. Chenu (45)

Paul Tillich
Gerhard Wehr (274)

Simone Weil
Angelica Krogmann (166)

Pädagogik

Friedrich Fröbel
Helmut Heiland (303)

Johann Heinrich Pestalozzi
Max Liedtke (138)

Medizin

Alfred Adler
Josef Rattner (189)

Sigmund Freud
Octave Mannoni (178)

C. G. Jung
Gerhard Wehr (152)

Paracelsus
Ernst Kaiser (149)

Wilhelm Reich
Bernd. A. Laska (298)

P 2057/5

rowohlts bild-monographien

Jeder Band mit etwa 70 Abbildungen, Zeittafel, Bibliographie und Namenregister.

Literatur

Hans Christian Andersen
Erling Nielsen (5)

Achim von Arnim
Helene M. Kastinger Riley (277)

Honoré de Balzac
Gaëtan Picon (30)

Charles Baudelaire
Pascal Pia (7)

Simone de Beauvoir
Christiane Zehl Romero (260)

Samuel Beckett
Klaus Birkenhauer (176)

Gottfried Benn
Walter Lennig (71)

Heinrich Böll
Klaus Schröter (310)

Wolfgang Borchert
Peter Rühmkorf (58)

Bertolt Brecht
Marianne Kesting (37)

Georg Büchner
Ernst Johann (18)

Wilhelm Busch
Joseph Kraus (163)

Lord Byron
Hartmut Müller (297)

Albert Camus
Moran Lebesque (50)

Giacomo Casanova de Seingalt
Rives J. Childs (48)

Anton Čechov
Elsbeth Wolffheim (307)

Cervantes
Anton Dieterich (324)

Matthias Claudius
Peter Berglar (192)

Dante Alighieri
Kurt Leonhard (167)

Charles Dickens
Johann Norbert Schmidt (262)

Alfred Döblin
Klaus Schröter (266)

F. M. Dostojevskij
Janko Lavrin (88)

Annette von Droste-Hülshoff
Peter Berglar (130)

Joseph von Eichendorff
Paul Stöcklein (84)

Hans Fallada
Jürgen Manthey (78)

William Faulkner
Peter Nicolaisen (300)

Gustave Flaubert
Jean de La Varende (20)

Theodor Fontane
Helmuth Nürnberger (145)

Max Frisch
Volker Hage (321)

Stefan George
Franz Schonauer (44)

André Gide
Claude Martin (89)

Johann Wolfgang von Goethe
Peter Boerner (100)

Maxim Gorki
Nina Gourfinkel (9)

Brüder Grimm
Hermann Gerstner (201)

H. J. Chr. von Grimmelshausen
Kurt Hohoff (267)

Knut Hamsun
Martin Beheim-Schwarzbach (3)

Gerhart Hauptmann
Kurt Lothar Tank (27)

Friedrich Hebbel
Hayo Matthiesen (160)

Johann Peter Hebel
Uli Däster (195)

Heinrich Heine
Ludwig Marcuse (41)

Ernest Hemingway
Georges-Albert Astre (73)

Hermann Hesse
Bernhard Zeller (85)

Friedrich Hölderlin
Ulrich Häussermann (53)

E. Th. A. Hoffmann
Gabrielle Wittkop-Menardeau (113)

Hugo von Hofmannsthal
Werner Volke (127)

Homer
Herbert Bannert (272)

Ödön von Horváth
Dieter Hildebrandt (231)

Henrik Ibsen
Gerd Enno Rieger (295)

Eugène Ionesco
François Bondy (223)

James Joyce
Jean Paris (40)

Erich Kästner
Luiselotte Enderle (120)

Franz Kafka
Klaus Wagenbach (91)

Gottfried Keller
Bernd Breitenbruch (136)

Heinrich von Kleist
Curt Hohoff (1)

Karl Kraus
Paul Schick (111)

rowohlts bild-monographien

Jeder Band mit etwa 70 Abbildungen, Zeittafel, Bibliographie und Namenregister.

Else Lasker-Schüler
Erika Klüsener (283)

David Herbert Lawrence
Richard Aldington (51)

Jakob Michael Reinhold Lenz
Curt Hohoff (259)

Gotthold Ephraim Lessing
Wolfgang Drews (75)

Georg Christoph Lichtenberg
Wolfgang Promies (90)

Jack London
Thomas Ayck (244)

Wladimir Majakowski
Hugo Huppert (102)

Heinrich Mann
Klaus Schröter (125)

Thomas Mann
Klaus Schröter (93)

Conrad F. Meyer
David A. Jackson (238)

Henry Miller
Walter Schmiele (61)

Eduard Mörike
Hans Egon Holthusen (175)

Molière
Friedrich Hartau (245)

Christian Morgenstern
Martin Beheim-Schwarzbach (97)

Robert Musil
Wilfried Berghahn (81)

Vladimir Nabokov
Donald E. Morton (328)

Johann Nestroy
Otto Basil (132)

Novalis
Gerhard Schulz (154)

Jean Paul
Hanns-Josef Ortheil (329)

Edgar Allan Poe
Walter Lennig (32)

Marcel Proust
Claude Mauriac (15)

Alexander S. Puschkin
Gudrun Ziegler (279)

Wilhelm Raabe
Hans Oppermann (165)

Fritz Reuter
Michael Töteberg (271)

Rainer Maria Rilke
H. E. Holthusen (22)

Arthur Rimbaud
Yves Bonnefoy (65)

Joachim Ringelnatz
Herbert Günther (96)

Joseph Roth
Helmuth Nürnberger (301)

Ernst Rowohlt
Paul Mayer (139)

Marquis de Sade
Walter Lennig (108)

Antoine de Saint-Exupéry
Luc Estang (4)

George Sand
Renate Wiggershaus (309)

Sappho
Marion Giebel (291)

Jean-Paul Sartre
Walter Biemel (87)

Friedrich Schiller
Friedrich Burschell (14)

Schlegel
Ernst Behler (123)

Arthur Schnitzler
Hartmut Scheible (235)

William Shakespeare
Jean Paris (2)

George Bernard Shaw
Hermann Stresau (59)

Carl Sternheim
Manfred Linke (278)

Adalbert Stifter
Urban Roedl (86)

Theodor Storm
Hartmut Vincon (186)

Jonathan Swift
Justus Franz Wittkop (242)

Ernst Toller
Wolfgang Rothe (312)

Leo Tolstoj
Janko Lavrin (57)

Georg Trakl
Otto Basil (106)

Tschechov siehe Čechov

Kurt Tucholsky
Klaus-Peter Schulz (31)

Mark Twain
Thomas Ayck (211)

Walther von der Vogelweide
Hans-Uwe Rump (209)

Frank Wedekind
Günter Seehaus (213)

Oscar Wilde
Peter Funke (148)

Virginia Woolf
Werner Waldmann (323)

Émile Zola
Marc Bernard (24)

Carl Zuckmayer
Thomas Ayck (256)